Karin Greiner / Dr. Angelika Weber

300 Fragen zu Kräutern

➤ Kompaktes Wissen von A bis Z
➤ Praktischer Rat für jede Situation

Inhalt

▪ Planen, auswählen, einkaufen ?

▪ Pflanzen und pflegen ?

Inhalt

Mit Kräutern gestalten ?

Inhalt

Sammeln, ernten, aufbereiten ?

In Küche und Haushalt ?

Inhalt

Gesundheit & Wohlbefinden ?

Anhang

Planen, auswählen, einkaufen

Bunt und vielfältig ist die Welt der Kräuter. Ob im Garten oder im Haus: Für jeden Anspruch ist ein Kraut gewachsen. Wählen Sie Ihre Favoriten unter den würzig duftenden Tausendsassas und setzen Sie sie gekonnt in Szene.

1. **Anfängerpflanzen:** Ich habe erst wenig Erfahrung als Gärtner. Welche Kräuter lassen sich besonders einfach ziehen?

Sozusagen ganz von alleine gedeihen Wildkräuter, von denen einige manchmal vorschnell als sogenannte Unkräuter abgetan werden (→ Frage 142). Gundermann (*Glechoma hederacea*), Spitz-Wegerich (*Plantago lanceolata*), Gänseblümchen (*Bellis perennis*), Löwenzahn (*Taraxacum* sect. *Ruderale*), Brennnessel (*Urtica dioica*), Hirtentäschel (*Capsella bursapastoris*), Weiße Taubnessel (*Lamium album*) und viele weitere Arten siedeln sich spontan im Garten an und liefern äußerst vitamin- und mineralstoffreiche Würze für die Küche. Zudem werden viele darunter schon seit alters als Heilpflanzen geschätzt. Natürlich können Sie diese Kräuter auch gezielt im Garten ansiedeln, indem sie sich bei Nachbarn oder Freunden einfach einige Pflanzen ausstechen oder Samen davon absammeln. Paradebeispiel für ein Kraut, das sich wirklich kinderleicht kultivieren lässt, ist die Kresse: Ihre Samen keimen auf nahezu jedem Untergrund, selbst auf Watte oder Küchenpapier. Unter den gebräuchlichen Küchenkräutern gelten Borretsch (*Borago officinalis*), Kapuzinerkresse (*Tropaeolum majus*), Beifuß (*Artemisia vulgaris*) und Ringelblume (*Calendula officinalis*) als besonders leicht aus Samen zu ziehen: an einer geeigneten Stelle ausstreuen, stets leicht feucht halten, fertig. Von Schnitt-Lauch (*Allium schoenoprasum*), Russischem Estragon (*Artemisia dracunculus*), Zitronen-Melisse (*Melissa officinalis*), Minzen (*Mentha*) oder Oregano (*Origanum vulgare*) setzen Sie einfach eine Jungpflanze an einen sonnigen, warmen Ort – diese Arten wachsen willig an und bringen reiche Ernte.

2. **Arnika:** Die Echte Arnika (*Arnica montana*) steht unter Naturschutz und soll recht schwierig zu kultivieren sein. Ich möchte aber gerne

Arnikatinktur selbst herstellen. Gibt es eine Alternative zur heimischen Art?

Gut sortierte und auf Kräuter spezialisierte Gärtnereien bieten die Amerikanische oder Wiesen-Arnika (*Arnica chamissonis*) an. Sie stammt aus den Gebirgen des westlichen Nordamerikas, sieht der heimischen Echten Arnika (*Arnica montana*) sehr ähnlich und hat vergleichbare Heilwirkung: Arnika hilft als Tinktur, Salbe oder Umschlag äußerlich gegen Zerrungen, Quetschungen, Blutergüsse, Verstauchungen oder Muskelkater, Sonnenbrand und Insektenstiche sowie als Tee innerlich bei Entzündungen im Mund-Rachen-Raum. Die amerikanische Art ist viel anspruchsloser als die in Europa stark bedrohte. Mit einem sonnigen Platz auf saurem, humusreichem Boden ist sie zufrieden, bei Trockenheit sollten Sie sie ausgiebig wässern. Die Inhaltsstoffe beider Arten können jedoch bei empfindlichen Personen allergische Reaktionen auslösen.

3. **Asia-Kräuter: Gotu-Kola und Jiaogulan – wo bekomme ich diese Kräuter?**

Gotu-Kola, auch Asiatisches Sumpfpfennigkraut bzw. Indischer Wassernabel (*Centella asiatica*, früher *Hydrocotyle asiatica*), und Jiaogulan, auch Unsterblichkeitskraut bzw. Frauenginseng (*Gynostemma*

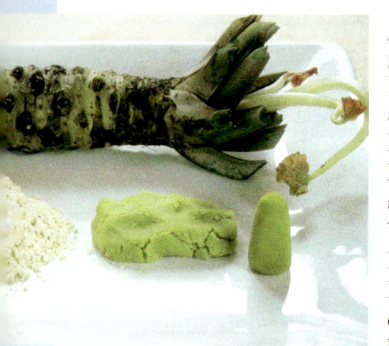

Wie bei Meerrettich schabt man Wasabiwurzeln fein und vermengt sie mit wenig Wasser oder Sojasauce.

pentaphyllum), sind so genannte Anti-Aging-Kräuter, denen man eine allgemein kräftigende und lebensverlängernde Wirkung nachsagt. Das Interesse an ihnen wächst mit dem Vordringen der asiatischen Kultur, Lebensweise und Philosophie nach Europa, ebenso wie an den Küchenkräutern aus Fernost. Blatt-Koriander (*Coriandrum sativum*), auch Cilantro genannt, sowie Thai-Basilikum (*Ocimum basilicum*) gehören heute fast schon zum Standardsortiment der Gemüsehändler und Gartenmärkte, sind sie doch mit die wichtigsten Würzkräuter Asiens. Von diesen können Sie fertig gezogene Ware in Töpfchen kaufen und in Gefäßen mit üblicher Blumenerde auf Balkon oder Terrasse gut weiterziehen. Auch Ingwer (*Zingiber officinale*), Kurkuma (*Curcuma longa*) oder der japanische Meerrettich Wasabi (*Wasabia japonica*) sind inzwischen alltäglich, allerdings bekommt man oft nur deren Rhizome als fertige Würzware bzw. Zubereitungen daraus. Und es ist sicher ein spannendes Experiment, einmal Zitronengras (*Cymbopogon citratus*) oder Kardamom (*Elettaria cardamomum*) selbst zu ziehen – was im Blumentopf ganz gut gelingt. Wer sie pflanzen möchte, muss sich in speziellen Kräutergärtnereien umsehen. Diese verfügen über umfangreiche, informative Kataloge und bieten Versand, in der Regel auch Internetpräsenz mit Onlineshops (→ Adressen Seite 254). Vor Ort begutachten und erwerben können Sie Asia-Kräuter oft auch auf Gartenmärkten und Events, die in vielen Orten als Verkaufsmessen veranstaltet werden. Eine Nachfrage lohnt sich auch bei asiatischen Feinkostgeschäften.

4. **Ayurveda-Kräuter:** **Beim Wellness-Urlaub haben wir Behandlungen und köstliches Essen mit Kräutern des Ayurveda sehr genossen. Bekomme ich solche Kräuter auch bei uns, und kann ich sie in meinem Garten oder auf der Fensterbank selber heranziehen?**

Nach der alten Lehre des Ayurveda werden nicht nur exotische, lediglich in Indien heimische Pflanzen für Gesundheit und Wohlbefinden eingesetzt: Erstaunlich viele Kräuter sind auch in Mitteleuropa seit Urzeiten als Gewürze oder zu Heilzwecken gebräuchlich, etwa Knob-Lauch, Kümmel, Fenchel oder Koriander. Diese werden natürlich im Garten kultiviert. Ingwer (*Zingiber officinale*), Kurkuma (*Curcuma longa*) und Kreuzkümmel (*Cuminum cyminum*) brauchen viel Wärme. Mit ihnen lohnt ein Experiment im Wintergarten, Gewächshaus oder auch auf der Fensterbank. Als Zimmerpflanze eignet sich zudem Ashwagandha oder Indischer Ginseng (*Withania somnifera*), ein Anti-Stress- und Anti-Aging-Talent. Er hat vor allem eine beruhigende, schlaffördernde Wirkung und ist mit Lampionblume (*Physalis alkekengi*) und Kap-Stachelbeere (*Physalis peruviana*) verwandt. Solche hier noch seltenen Kräuter bekommen Sie nur bei Spezialanbietern, etwa großen, namhaften Kräutergärtnereien.

INFO

Heilende Kräuter der Chinesischen Medizin
Die Traditionelle Chinesische Medizin (TCM) ist eine jahrtausendealte Heilkunst, die den Menschen ganzheitlich betrachtet und dafür verschiedene Therapien einsetzt, darunter vor allem Kräuter. Manche kann man selber ziehen. Dazu gehören z. B. Japanische Minze (*Mentha arvensis* var. *piperascens*), Ginseng (*Panax ginseng*) oder Moxakräuter (*Artemisia*-Arten) und wenig bekannte wie der Chinesische Surenbaum (*Toona sinensis*), auch Chop-Suey-Baum genannt.

5. Balkon: **Ich möchte auf meinem Balkon gerne eine Kräuterecke einrichten. Da es ein Westbalkon ist, wo es immer wieder hinregnet und der Wind weht, weiß ich nicht, welche Arten sich eignen. Was können Sie mir empfehlen?**

Mit den oft stark wechselnden Bedingungen auf dem Balkon – mal Hitze, mal kalter Wind, mal Regenguss – kommen viele Mittelmeerkräuter gut zurecht, wenn sie nur genügend Sonne abbekommen. Rosmarin (*Rosmarinus officinalis*), Oregano (*Origanum vulgare*), Salbei (*Salvia officinalis*), Thymian (*Thymus*), Currystrauch (*Helichrysum italicum* ssp. *serotinum*) und Ysop (*Hyssopus officinalis* ssp. *officinalis*) gedeihen hier sehr gut. Pflanzen Sie diese in eher magere Erde, am besten ein Gemisch aus einem Teil gewöhnlicher Pflanzerde, einem Teil Kübelpflanzenerde und einem Teil Sand. Dazu passen blühende Kräuter wie Ringelblumen (*Calendula officinalis*), Johanniskraut (*Hypericum perforatum*) oder Duft-Pelargonien (*Pelargonium*) sowie anspruchslose Sommerblumen wie Mittagsgold (*Gazania*) oder Sternauge (*Asteriscus maritimus*). Im Vordergrund machen sich noch ein paar hängende Gewächse gut, etwa Gundermann (*Glechoma hederacea*). Prinzipiell sollten Sie für die Balkonbepflanzung kompakt wachsende Sorten bevorzugen. Kombinieren Sie zudem nur Kräuter mit ähnlichen Ansprüchen, also jeweils nur Trockenheit liebende bzw. nur nährstoffreichen Boden wünschende Arten. Das gilt ebenso für die Pflanzen, die Sie zu den Kräutern gesellen, von Sommerblumen bis hin zu Gemüse wie Balkontomaten. Zur hungrigen, durstigen Geranie passt sowohl von den Ansprüchen als auch von der Optik her ein stark zehrender, bunter Chili (*Capsicum frutescens*) oder Schnitt-Lauch (*Allium schoenoprasum*) eben viel besser als ein zierlicher Thymian, der gerne Hungerkünstler bleibt. Diese sollten Sie besser in eigene Gefäße setzen; ebenso kräftig wachsende, sich stark ausbreitende Kräuter wie Minzen (*Mentha*), damit sie andere Pflanzen nicht gleich überwuchern.

BALKONKÄSTEN GESTALTEN

Vereinen Sie die bunte Vielfalt der Kräuter zu harmonischen Kräutergesellschaften. In schönen Balkonkästen kommen die würzigen und duftenden Pflanzen bestens zur Geltung.

MEDITERRANE FREUDEN

Gewürzkräuter aus dem Mittelmeerraum, wie Thymian, Salbei, Rosmarin und Bohnenkraut, passen von ihren Ansprüchen her gut zusammen. Im edlen Terrakottakasten und mit Deko-Kugeln aufgepeppt, sind sie eine Augenweide.

FRÖHLICHER REIGEN

Hier sorgen farbenfrohe Ringelblumen und Kornblumen zwischen anderen Kräutern und Balkonschmuckpflanzen für Leuchtkraft. Sie liefern stets Blütenblätter für Salat, Butterbrot oder Tee zum Genuss auf Balkonien.

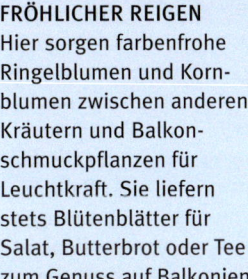

DUFTENDE ELEGANZ

Kombinieren Sie Kräuter mit intensivem Blattduft, wie Minze, Zitronen-Melisse, Duft-Pelargonien und Salbei, mit etwas Blütenschmuck, etwa honigduftendem Steinrich – schon wird Ihr Balkon eine Aroma-Oase.

6. Basilikum: Worin unterscheiden sich Genoveser, Thai- und Strauch-Basilikum?

Mit dem Namen „Basilikum", was so viel wie „Königskraut" bedeutet, wird eine ganze Kräutergruppe bezeichnet. Die bekannteste Art ist das meist einjährig gezogene, buschige *Ocimum basilicum* mit eiförmigen, vorne spitz zulaufenden, leicht aufgewölbten Blättern, dessen charakteristischen Duft und Geschmack wir so schätzen. Es ist ein typisches Kraut der Mittelmeerküche, daher stammen auch viele Sorten aus dieser Region. Das wohl beliebteste unter diesen Mittelmeertypen ist das Genoveser Basilikum mit besonders großen Blättern, manchmal auch als 'Großes Grünes' bezeichnet. Es wird traditionell für die Zubereitung von Pesto genovese verwendet. Sehr feinblättrig und dichtbuschig ist die Sorte 'Finissimo Verde a Palla'. Winzige Blätter trägt die Zwergsorte 'Minimum', die auch Bubikopf-Basilikum heißt. Die Sortenpalette reicht weiter über Formen mit rötlich bis violett überlaufenen oder stark gekräuselten Blättern. Variationen zeigen die Sorten nicht nur in Blattform und -färbung, sondern auch im Aroma. Aus Asien stammen Auslesen mit Zimt-, Anis- oder Kampferwürze, darunter das Thai-Basilikum mit meist spitzer zulaufenden, am Rand gezähnten und oft weinrot gefärbten Blättern. Zitronige bis melissenartige Töne in Duft und Geschmack weisen neben Sorten wie 'Sweet Dani' auch andere Basilikumarten auf, etwa Zitronen-Basilikum (*Ocimum citriodorum*) oder Zitronen- bzw. Frucht-Basilikum (*Ocimum americanum*). Strauch-Basilikum wiederum nennt man Arten, die ausdauernd sind und strauchartig wachsen. In den vergangenen Jahren hat die Züchtung 'African Blue' mit ihren kräftigen Zweigen, bläulich überhauchten Blättern und üppigen Blütenkerzen den Markt erobert – sie lässt sich gut als Kübelpflanze halten. Als Tulsi kennt man die ebenfalls ausdauernde Art *Ocimum tenuiflorum* (auch *Ocimum sanctum*), die nicht nur in Indien als heilige Pflanze eine wichtige Rolle spielt.

7. **Bio-Ware:** Welchen Vorteil bieten Kräuter, die mit einem Bio-Siegel versehen sind?

In Supermärkten, bei Discountern oder in Gartencentern finden Sie Kräuter in Töpfen mit dem sechseckigen, grün umrandeten Bio-Siegel. Sie sind oft noch mit einem Zeichen ökologischer Anbauverbände sowie einem Markennamen großer Lebensmittelhändler gekennzeichnet und werden explizit als Bio-Ware angeboten. Hier können Sie sich darauf verlassen, dass die Pflanzen nach der EG-Öko-Verordnung unter streng kontrollierten Bedingungen angebaut wurden, d. h. ohne chemisch-synthetische Pflanzenschutzmittel, leicht lösliche Mineraldünger, gentechnische Veränderung oder Bestrahlung. Sie wurden zudem aus Bio-Saatgut herangezogen, das man wiederum unter denselben Auflagen produziert. Viele Kräutergärtnereien, die Pflanzware anbieten, arbeiten ebenfalls nach den Richtlinien dieser Verordnungen und sind oft Mitglied bei einem der Anbauverbände. Bio-Kräuter sind damit gesunde Nahrungsmittel, die Wirkungen ihrer Inhaltsstoffe bleiben von Schadstoffen oder anderen negativen Einflüssen unbehelligt. Weitere Informationen unter www.bio-siegel.de.

8. **Duftkräuter:** Ich möchte in der Nähe meiner Terrasse ein Duftbeet anlegen. Welche Kräuter duften besonders intensiv?

Kein Gewürz- oder Heilkraut bleibt ohne Duft. Oft entströmt der Wohlgeruch den Blüten, nicht selten aber auch den Blättern oder gar Trieben und Wurzeln. Im ersten Fall kommt man also nur während der Blütezeit in den Genuss der Aromawolken. Einige duften den ganzen Tag, wie Lavendel (*Lavandula*), andere, wie Nachtviole (*Hesperis matronalis*) oder Nachtkerze (*Oenothera biennis*), vor allem abends. Für ein Duftbeet an der Terrasse empfehlen sich vor allem Kräuter mit lieblich-blumigen bis frisch-würzigen und zitro-

Plattenfugen, die weit genug sind, lassen sich mit Duftkräutern wie Thymian oder Zwerg-Ysop bepflanzen.

nigen Noten, die zudem attraktiv aussehen. Klassische Parfüm-Kräuter sind Duft-Pelargonien (*Pelargonium*), die sogar Mücken fernhalten sollen. Allerdings sind Pelargonien Blattdufter, die die Luft nur bei Berührung schwängern. Das mag wünschenswert sein, denn allzu viele verschiedene Düfte sollten Sie keinesfalls kombinieren. Konzentrieren Sie sich lieber auf eine Art wie Lavendel, die ganz von selbst intensiv duftet, und gesellen Sie ihr wenige Blattdufter wie Minzen (*Mentha*), Gewürz-Tagetes (*Tagetes tenuifolia*) oder Frucht-Salbei (*Salvia*) hinzu, deren Aroma Sie hervorkitzeln, wenn Ihnen danach ist. Ein besonderes Geruchserlebnis erzielen Sie mit trittfesten Teppichkräutern in Plattenfugen oder auf einem Sitzmäuerchen, wie Römische Kamille (*Chamaemelum nobile*) mit Apfelduft oder Zitronen-Thymian (*Thymus × citriodorus*). Sobald die Polster betreten oder gestreichelt werden, erheben sich wunderbare Duftwolken.

9. **Fensterbank: Ich habe leider weder Garten noch Balkon. Welche Kräuter können Sie mir für die Fensterbank empfehlen?**

Bevorzugen Sie kleine, kompakte oder hängende Arten, die auf der Fensterbank bequem Platz finden oder die Sie durch regelmäßiges Schneiden im Zaum halten können. Dauerhaft in Gefäßen und unter Wohnraumbedingungen können Sie viele Kräuter halten. Manche, wie die auch als Zimmer-Knoblauch titulierte Knoblauchs-Kaplilie (*Tulbaghia violacea*) oder der Zimmer-Lavendel (*Lavandula × heterophylla*), verraten das schon mit ihrem Namen. Klassiker fürs Fensterbrett sind Echte Aloe (*Aloe vera*) und Kalmus (*Acorus calamus*). Mit Zimmerbedingungen, wie trockener Luft, kommen auch Meerfenchel (*Crithmum maritimum*), Meerzwiebel (*Ornithogalum longibracteatum*) und Chili (*Capsicum*) gut zurecht. Kräuter aus der Thai-, Asia- oder mittelamerikanischen Küche wie Zitronengras (*Cymbopogon citratus*), Vietnamesischer Koriander (*Persicaria odorata*) oder Aztekisches Süßkraut (*Lippia dulcis*) liefern Ihnen stets frische Würze. Im Sommer können Sie sie kräftig einkürzen. Kurzfristig gedeihen Basilikum (*Ocimum basilicum*), Zitronen-Verbene (*Aloysia triphylla*) Ananas-Salbei (*Salvia rutilans*) und Duft-Pelargonien (*Pelargonium*) sowie Thymian (*Thymus*), Oregano (*Origanum*), Thai-Basilikum (*Ocimum basilicum*) oder Roter Shiso (*Perilla frutescens* var. *frutescens*) ganz passabel. Da jedoch das natürliche Licht fehlt (Fensterglas filtert viel Sonnenlicht weg), werden sie hier über längere Sicht nicht wirklich überzeugen. Sehr kurzlebige Kräuter wie Kresse (*Lepidium sativum*) oder Kerbel (*Anthriscus cerefolium* ssp. *cerefolium)* bereiten keine Probleme, denn sie sind ja rasch abgeerntet. Nicht zuletzt können Sie auf der Fensterbank jederzeit Keimsprossen von Senf (*Sinapis*), Rucola (*Eruca*) oder Bockshornklee (*Trigonella*) ziehen.

EXTRATIPP

Erste-Hilfe-Pflanze
Auf dem Küchenfensterbrett unserer Großmütter stand stets eine Echte Aloe (*Aloe vera*). Das klare, schleimige Gel ihrer dicken Blätter leistet Erste Hilfe bei Verbrennungen, Sonnenbrand oder Insektenstichen. Zur Behandlung ein Blatt abschneiden, Gel herauspressen oder abschälen, in Streifen schneiden und auf die verletzten Hautstellen streichen bzw. auflegen.

10. Feuchter Boden: Ich habe eine geschützte, sonnige Gartenecke, wo ich gerne Kräuter ziehen möchte. Der Boden dort ist sehr feucht, teils sogar nass. Gibt es dafür geeignete Arten?

Nutzen Sie diese Gelegenheit für ein Sumpfbeet, in dem besondere Köstlichkeiten unter den Kräutern gedeihen. Wo der Boden vorwiegend feucht, aber nie nass, sondern eher einmal trocken ist, wachsen z. B. Frauenmantel (*Alchemilla xanthochlora*), Baldrian (*Valeriana officinalis*) und Scharbockskraut (*Ranunculus ficaria*); ebenso asiatische Kräuter wie Wasserysop (*Bacopa monnieri*), Parakresse (*Acmella oleracea)* oder Japanische Petersilie (*Cryptotaenia japonica*). Wo der Untergrund stetig feucht bleibt, fühlen sich Kalmus (*Acorus calamus*), Wiesenknöterich (*Bistorta officinalis*), Mädesüß (*Filipendula ulmaria*) und Pfeffer-Minze (*Mentha × piperita*) wohl. Ständig im Nassen dürfen Brunnenkresse (*Nasturtium officinale*) und Houttuynie (*Houttuynia cordata*) stehen.

11. Gehölze: Ich möchte meinen Kräutergarten mit Bäumen oder Sträuchern bereichern. Gibt es Gehölze mit würzenden Blättern?

Nicht nur Laub mit Würzkraft, auch nutzbare Blüten und Früchte bieten viele Gehölze, die sich für Küche, Hausapotheke und Sonstiges eignen. Paradebeispiel ist der Schwarze Holunder (*Sambucus nigra*): Zum Frühsommerbeginn erscheinen duftende Schirmblüten, im Herbst schwarze Früchte. Nicht zuletzt vertreiben Sud oder Jauche aus seinen Blättern Wühlmäuse. Ähnlich verhält es sich mit Linden (*Tilia*): Ihre jungen Blätter sind Salatbeigabe, die Blüten wirken fiebersenkend und verfeinern Süßspeisen. Auch Ahorn (*Acer*), Birke (*Betula*), Weißdorn (*Crataegus*), oder Rosen (*Rosa*), vor allem Damaszener- und Wild-Rosen, spenden Schmackhaftes und Heilendes. Laub, Blüten und Früchte des Gewürzstrauchs (*Calycanthus floridus*) verfeinern Speisen mit muskat- und nelkenähnlichem Aroma. Würzende Blätter tragen vor allem fremdländische Gehölze, etwa Chinesische Kamm-Minze (*Elsholtzia stauntonii*), Curry-Orangenraute (*Murraya koenigii*), Kaffir-Limette (*Citrus hystrix*) oder Zitronen-Eukalyptus (*Eucalyptus citriodora*). Man zieht sie am besten als Kübelpflanzen.

Die Blütenschirme des Schwarzen Holunders werden zu Leckereien verarbeitet und helfen als Tee gegen Erkältung.

12. **Immergrüne Kräuter: Um im Winter etwas Farbe ins Beet zu bringen, suche ich immergrüne Kräuter. Welche empfehlen sich da?**

Um ihrer Aufgabe als grüner Blickfang im Winter gerecht zu werden, müssen die Pflanzen natürlich auch winterhart sein. Diese Anforderungen erfüllen nur wenige Kräuter, darunter viele Thymian-Arten (*Thymus*), Tripmadam (*Sedum reflexum*) sowie Salbei (*Salvia officinalis*). Ganzjährig silbrig belaubt empfiehlt sich auch das Heiligenkraut (*Santolina chamaecyparissus*). An geschützten Stellen und in Regionen mit mildem Klima eignen sich Lavendel (*Lavandula*), Rosmarin (*Rosmarinus officinalis*), Wein-Raute (*Ruta graveolens*), Winter-Bohnenkraut (*Satureja montana* ssp. *montana*) und sogar Lorbeer (*Laurus nobilis*), in rauen Gegenden sind sie aber doch für Winterschutz dankbar. Den Winter über grün bleiben meist auch Eberraute (*Artemisia abrotanum*) und Ysop (*Hyssopus officinalis* ssp. *officinalis*). Sie wechseln ihr Laub zum Frühjahr komplett.

SALATKRÄUTER FÜR DEN WINTER

BARBARAKRAUT (*Barbarea vulgaris*)
Anbau: Aussaat im Frühjahr oder Herbst
Ernte: von Oktober bis Mai ausschließlich die jungen Blätter der Rosette

GÄNSEBLÜMCHEN (*Bellis perennis*)
Anbau: Wildpflanze, Aussaat und Teilung möglich
Ernte: ganzjährig laufend junge Blätter und Blütenköpfchen

LÖFFELKRAUT (*Cochlearia officinalis*)
Anbau: Aussaat im Frühjahr oder Herbst
Ernte: je nach Saattermin ganzjährig möglich, frische Blätter nach Bedarf

RUCOLA (*Eruca sativa*)
Anbau: April bis September im Freiland, September bis März unter Folie und im Gewächshaus
Ernte: laufend junge Blätter

GUNDERMANN (*Glechoma hederacea*)
Anbau: Wildpflanze; Ausläufer abtrennen und einpflanzen, auch in Töpfen zu kultivieren
Ernte: ganzjährig junge Blätter

EISKRAUT (*Mesembryanthemum crystallinum*)
Anbau: Aussaat im Freiland von April bis August, unter Glas von September bis April
Ernte: junge Blätter nach Bedarf

TELLERKRAUT (*Montia perfoliata*)
Anbau: von September bis März unter Glas
Ernte: äußere Rosettenblätter schneiden, das Kraut wächst so immer wieder nach

13. Kinderkräuter: An welchen Kräutern haben Kinder besonderen Spaß?

Kinder entdecken die Welt der Kräuter mit allen Sinnen. Die Klassiker zum Pflücken, Spielen und Essen sprechen sie sofort an, wie Gänseblümchen (*Bellis perennis*), Löwenzahn (*Taraxacum*), Wald-Erdbeere (*Fragaria vesca*) und Duft-Veilchen (*Viola odorata*). Ebenso farbenfroh blühende Arten wie Ringelblumen (*Calendula officinalis*), Indianernessel (*Monarda*), Kapuzinerkresse (*Tropaeolum majus*) oder Borretsch (*Borago officinalis*) – und deren Blüten dürfen sie auch mal in den Mund stecken. Kinder machen gerne Geschmackserkundungen mit mild und süß schmeckenden Arten, z. B. mit Süßkraut (S*tevia rebaudiana*) oder Zitronen-Melisse (*Melissa officinalis*). Für Begeisterung sorgen sicher verschiedene Tagetes-Arten, etwa Lakritz-Tagetes (*Tagetes micrantha*), die intensiv nach Lakritze riecht, oder Gewürz-Tagetes (*Tagetes lucida*), die nach Anis und Waldmeister duftet. Auch unter Minzen und Frucht-Salbei finden Kinder schnell Favoriten, z. B. Erdbeer-Minze, Ananas-Minze oder Honigmelonen-Salbei. Nach Kaugummi duftet das Balsamkraut (*Tanacetum balsamita*), nach Cola die Eberraute (*Artemisia abrotanum*) und nach Schokolade die Schokoladenblume (*Cosmos atrosanguineus*). Kräuter, mit denen man Getränke und Leckereien zaubern kann, sind beispielsweise Limonen-Ysop bzw. Limonadenpflanze (*Agastache mexicana*), Zitronen-Katzenminze (*Nepeta cataria* var. *citriodora*) oder Lakritzpflanze (*Glycyrrhiza glabra*). Für die Versorgung von Brennnessel-quaddeln, Insektenstichen oder Abschürfungen sollte Wegerich (*Plantago*) immer parat sein. Außerdem dienen die Blätter für lustige Orakel. Auf die Fragen, wie viele Kinder man einst wohl bekommt, wie viele Notlügen man gebraucht hat, wie oft man unerlaubt genascht hat usw., gibt ein Wegerichblatt Antwort: Die Anzahl der als Fäden sichtbaren Blattadern beim Zerreißen der Blattfläche ist zu zählen.

14. **Kleine Formen:** Gibt es speziell zwergwüchsige Kräuter für beengte Platzverhältnisse?

Viele Kräuter wachsen schon von Natur aus polstrig und zwergig, z. B. Thymian (*Thymus*), Indianische Minze (*Satureja douglasii*) oder Diptam-Dost (*Origanum dictamnus*). Sie werden maximal 30 cm hoch und breiten sich kriechend aus. Außerdem bietet der Handel spezielle Sorten oder Auslesen an, die sehr kompakt wachsen und wesentlich kleiner bleiben als ihre Ausgangsformen. So gibt es etwa vom Oregano (*Origanum vulgare*) die Sorte 'Compactum', den Grannen- oder Zwerg-Ysop (*Hyssopus officinalis* ssp. *aristatus*) oder das Bubikopf-Basilikum (*Ocimum basilicum* 'Minimum'). Unter den blütenreichen, aus Samen leicht zu ziehenden Kräutern finden sich ebenfalls oft Miniaturformen, etwa bei Ringelblumen (*Calendula officinalis*) oder Kapuzinerkresse (*Tropaeolum majus*). Sehr handlich bleiben zudem schnittverträgliche Kräuter wie Winter-Bohnenkraut (*Satureja montana* ssp. *montana*), Currykraut (*Helichrysum italicum*) oder Majoran (O*riganum majorana*).

15. **Knob-Lauch:** Gibt es denn Alternativen zu diesem Zwiebelgewächs, die ein ähnliches Aroma haben, aber nicht wuchern?

Den typischen Knoblauchduft und -geschmack wie der des echten Knob-Lauchs (*Allium sativum*) weisen die mit ihm eng verwandten Arten Schnitt-Knob-

Die Etagen- oder Luftzwiebel bildet Tochterzwiebeln an den Blütenschäften. Diese sind eine fein schmeckende Würze.

lauch (*Allium tuberosum*), Bär-Lauch (*Allium ursinum*) und der auch Sommer-Bär-Lauch genannte Gold-Lauch (*Allium moly*) auf. Man verwendet davon sowohl Blätter als auch Blüten, außerdem Früchte und Zwiebeln. Von der nicht winterharten, aber sehr attraktiven Knoblauchs-Kaplilie (*Tulbaghia violacea*), auch als Zimmer-Knoblauch oder „Knobi-Flirt" bekannt, werden die Knollen sogar oft schon im Handel angeboten. Angeblich soll man nach deren Genuss keine unangenehmen Ausdünstungen wahrnehmen, was aber nicht jeder bestätigen wird. Garantiert ohne Reue darf man dagegen Blätter, junge Triebe und Blüten der Knoblauchsrauke (*Alliaria petiolata*) genießen, die entsprechend ihrem milden Aroma auch Knoblauchshederich oder Knoblauchskraut genannt wird und wild an vielen Wegrändern, Gebüschsäumen und auch im Garten wächst.

16. Kräutertöpfe: **Kann ich die getopften Kräuterpflanzen wie Basilikum oder Majoran aus der Obst- und Gemüseabteilung auch in den Garten auspflanzen?**

Ja, die Kräuter können Sie bedenkenlos in Kästen, Kübel oder auch Beete umsetzen. Damit die Pflanzen zügig weiterwachsen, dürfen sie vorher nicht allzu lange auf der Fensterbank gestanden haben und auch nicht schon komplett abgeerntet sein. Außerdem sollten Sie die Kräuter nur bei milder Witterung und an bedeckten Tagen ins Freie bringen und nach dem Einpflanzen gründlich angießen.

17. Lebensdauer: **Wachsen Kräuter unentwegt weiter, oder ist mit der Ernte Schluss?**

Das kommt darauf an, ob es sich um eine kurzlebige Art handelt, von der man auf einen Schwung alles aberntet, wie etwa bei der Kresse (*Lepidium sativum*), oder ob es sich um eine ausdauernde Pflanze handelt, von der man immer mal wieder nur einzelne Blätter oder Blüten zupft, z. B. vom Gewürz-Salbei (*Salvia officinalis*). Viele ausdauernde Arten wie Zitronen-Melisse (*Melissa officinalis*) darf man unbesorgt komplett abschneiden, denn sie regenerieren sich aus ihrem Wurzelwerk bald wieder. Halbsträucher und Sträucher wie Lavendel (*Lavandula*) oder Rosmarin (*Rosmarinus officinalis*) dagegen dürfen nicht allzu tief abgeschnitten werden, weil sie an den ältesten, verholzten Triebteilen keine Erneuerungsknospen mehr besitzen. Sogar Kräuter, bei denen man es auf die Wurzel abgesehen hat, können durchaus wieder neue Stängel schieben. So treibt beispielsweise die Süßwurzel (*Sium sisarum*) wieder aus, wenn lediglich das oberste Drittel der dicken Wurzel abgeschnitten wird, der Rest jedoch im Boden verbleibt. Ähnlich zieht man beim Meerrettich (*Armoracia rusticana*) die Hauptwurzel aus dem Boden und pflanzt die Seitenwurzeln (Fechser) wieder ein. Andererseits lohnt es sich bei einigen Kräutern kaum, sie nach der Ernte weiterzukultivieren: Man zieht viel schneller neue Pflanzen heran, die zudem oft qualitätsvolleres Erntegut bringen. Das ist u. a. bei Kerbel (*Anthriscus cerefolium* ssp. *cerefolium*) oder Koriander (*Coriandrum sativum*) der Fall.

INFO

Schöpfen Sie aus der Oregano-Vielfalt

Neben dem eigentlichen Oregano (*Origanum vulgare*) tragen weitere Gewürzkräuter diesen Namen. Aus der Tex-Mex-Küche etwa kennt man den rosa blühenden Mexikanischen Oregano (*Poliomintha longiflora*), er heißt auch Strauch-Oregano oder Rosmarin-Minze. Mit seinem sehr intensiven Aroma würzt er deftige Eintöpfe, Bohnengemüse, Fisch- und Fleischgerichte. Auch die Art *Lippia graveolens* nennt man Mexikanischer Oregano. Sie ist gleicher Herkunft und wird ähnlich verwendet.

18. Majoran: **Was ist der Unterschied zwischen Majoran und Wildem Majoran?**

Der echte Majoran (*Origanum majorana*), auch Wurstkraut genannt, stammt aus dem Mittelmeerraum und trägt an drahtigen Stängeln eiförmige, leicht klebrige Blättchen mit kräftig pfeffrig-scharfem Aroma. Seine winzigen weißen, rosa- oder lilafarbenen Blüten bleiben meist unter graugrünen Hochblättern versteckt, die Blüten erscheinen wie kleine Kugeln. Im Garten zieht man meist eine ein- bis zweijährige Form, sie wird oft als *Majorana hortensis* geführt. Der Wilde Majoran, eine Staude mit leicht verholzenden Trieben, kommt ursprünglich ebenfalls aus Regionen rund ums Mittelmeer, fühlt sich inzwischen aber sogar in Mitteleuropa auf trockenen Wiesen, an Waldrändern und Böschungen heimisch. Man kennt ihn besser als Oregano (*Origanum vulgare*) oder Dost, das typische Pizzagewürz. Seine zart behaarten Blätter verströmen einen würzig-harzigen Duft und schmecken anders als Majoran. Auch in der Blüte unterscheiden sich die beiden Arten, denn Oregano blüht im Sommer überreich mit rosaroten bis weißlichen, halbkugeligen Blütendolden.

19. Minzen: **Schmeckt Schoko-Minze tatsächlich nach Schokolade, oder ist das ein Werbegag?**

Die beste Antwort auf diese Frage gibt Ihnen Ihre Nase. So richtig wie Schokolade riecht die als Schoko- oder Schokoladen-Minze angebotene Variante der Pfeffer-Minze (*Mentha × piperita*) kaum, auch wenn dies einige behaupten. Man kann den Duft eher mit dem von Pfefferminzschokolade oder mit dem von Zartbittertäfelchen mit Pfefferminzcremefüllung vergleichen. Doch die Blätter eignen sich vorzüglich zur Verfeinerung von Desserts, mit Schokolade überzogen schmecken sie mindestens ebenso köstlich wie die beliebten handelsüblichen Süßwaren.

MINZEN (*MENTHA*)

KRAUSE MINZE (*M. aquatica* var. *crispa*)
kräftig wachsende, mentholarme Minze mit samt-
weichen, gewellten, grasgrünen Blättern; kümmel-
ähnliches Aroma; gut für Teemischungen

KÄRNTNER MINZE (*M. × gracilis*)
buschig wachsende, mentholhaltige Minze mit har-
monischem süß-würzigem Aroma; besonders für
Süßspeisen geeignet, traditionell für Kasnudeln

ECHTE PFEFFER-MINZE (*M. × piperita*)
je nach Auslese mehr oder weniger stark mentholhaltige Minze mit dunkelgrünen Blättern und meist
roten Stängeln; vielfältig nutzbar, heilkräftig

KORSISCHE MINZE (*M. requienii*)
immergrüne, kriechende, teppichartig wachsende,
mentholhaltige Minze mit runden, blassgrünen
Blättchen; für Duftrasen geeignet

RUNDBLÄTTRIGE MINZE (*M. × rotundifolia*)
stark wachsende Minze mit üppigem Blütenflor
und spitzen, filzigen Blättern, fruchtig duftend,
mentholarm; für Teemischungen, zum Kochen

MAROKKANISCHE MINZE (*M. spicata* var. *crispa*)
mentholhaltige Minze mit hellgrünen, leicht gekräuselten Blättern und fein ausgewogenem
Aroma; vielfältig nutzbar, vor allem für Tee

ANANAS-MINZE (*M. × suaveolens* 'Variegata')
üppig wachsende, mentholarme Minze mit weichen, weiß-grün gefleckten, fruchtig duftenden
Blättern; empfehlenswert für Tee und Bowlen

20. **Mohn:** Ich möchte gerne Mohnsaat selber ernten. Welchen Mohn muss ich dafür ziehen?

Mohnsaat, wie man sie für Mohnbrötchen oder Mohnkuchen verwendet, wird vom Schlaf-Mohn (*Papaver somniferum*) gewonnen. Hierfür bevorzugt man Formen, die nur geringe Mengen an Alkaloiden enthalten – denn aus Schlaf-Mohn lässt sich auch Morphin und daraus wiederum Opium gewinnen. Der Anbau von Schlaf-Mohn – auch zu reinen Zierzwecken, in nur geringen Ausmaßen und unter Verwendung morphinarmer Sorten – ist in Deutschland nach dem Betäubungsmittelgesetz beim Bundesinstitut für Arzneimittel und Medizinprodukte (BfArM) genehmigungspflichtig. Sie können aber auch von anderen Mohnarten Samen ernten und ebenso wie den „echten" Mohn verwenden. Hierfür eignet sich vor allem Klatsch-Mohn (*Papaver rhoeas*).

21. **Namen prüfen:** Ich suchte im Handel Winterkresse, habe aber ein völlig anderes Kraut bekommen. Bin ich schlecht bedient worden?

Es beruht auf einem Missverständnis, besser gesagt auf Ungenauigkeit. Mit dem deutschen Namen „Winterkresse" werden zwei verschiedene Kräuter benannt, zum einen das Barbarakraut (*Barbarea vulgaris*), zum andern das Wiesen-Schaumkraut (*Cardamine pratensis*). Beide Arten liefern im Früh- bzw. Nachwinter kräftig würzige, vitaminreiche Blätter für Salate oder Gemüse. Das Barbarakraut nennt man je nach Gegend auch Steinsenf, Winterrauke, Sauren Hederich, Rapunzel oder Habichtskraut, wobei letzter Name wiederum für eine ganz andere Pflanzengattung geläufig ist, nämlich *Hieracium*. Das Wiesen-Schaumkraut heißt auch Buttermilchblume, Quarkblume, Muttergotteswäsche, Himmelsleiterle, Katzenseife, Kuckucksblume oder Storchschnabel. Wobei Storchschnabel wieder bezeichnend für eine eigene Pflanzengruppe ist, nämlich *Geranium*, von der man vor allem den blau blühenden Wiesen-Storchschnabel (*Geranium pratense*) kennt. Damit wird deutlich, wie leicht man Pflanzen verwechseln kann, wenn man lediglich ihre Volksnamen verwendet. Eindeutig benennen lassen sich die Pflanzen nur mit ihrem botanischen Namen, allein dieser ist präzise und überall verständlich, weil durch internationale

MELISSE NUMMER 1
Zitronen-Melisse (Melissa officinalis) *ist die typische Melisse.*

MELISSE NUMMER 2
Die Moldawische Melisse (Dracocephalum moldavicum) *duftet sehr intensiv.*

MELISSE NUMMER 3
Die Weiße Melisse (Nepeta cataria *var.* citriodora) *hat ein Zitronenaroma.*

MELISSE NUMMER 4
Vietnamesische Melisse (Elsholtzia ciliata) *riecht nach Kampfer.*

Übereinkunft und Regeln vergeben. Jeder botanische Name für eine Pflanzenart besteht aus zwei Teilen, sozusagen Vor- und Nachnamen. Der erste, stets großgeschrieben, ist der Gattungsname, z. B. *Barbarea*, der zweite, kleingeschrieben, der Artzusatz, um beim Beispiel zu bleiben, *vulgaris*. Der botanische Name wird übrigens, um ihn im Schriftbild deutlich hervorzuheben, gewöhnlich kursiv gedruckt.

22. **Namenszusatz „-kraut": Gehören Pflanzen wie Schöllkraut, Hornkraut oder Zimbelkraut, die den Zusatz „-kraut" in ihrem Namen tragen, automatisch zu den Kräutern?**

Um diese Frage zu klären, bedarf es einer Definition, was wir unter „Kraut" eigentlich verstehen. Ursprünglich bezeichnet „Kraut" schlicht und einfach eine nützliche Pflanze – „Unkraut" wird damit zur unnützen. Botanisch gesehen fasst man unter dem Begriff „Kraut" ganz allgemein Pflanzen zusammen, die zeitlebens krautig bleiben, also nicht verholzen wie Bäume und Sträucher. Es zählen demnach alle einjährigen Gewächse wie Klatsch-Mohn, alle Stauden wie der Phlox, alle Zwiebel- und Knollenpflanzen wie Tulpen und auch die meisten Gräser zu den Krautigen. Landläufig spricht man weiterhin von Spargelkraut, Erdbeerkraut, Fenchelkraut und meint damit die grünen Teile dieser Pflanzen. Unter Kräutern versteht man aber auch alle Gewächse, die zu Würz- oder Heilzwecken verwendet werden, eben Küchen-, Gewürz- oder Heilkräuter, sowie auch Wildkräuter. Trägt eine Pflanzenart das Wort „Kraut" in ihrem Namen, lässt sich daraus gewöhnlich schließen, dass sie nicht verholzt. Jedoch darf man nicht annehmen, dass sie automatisch zu den Gewürz- oder Heilkräutern gehört. Bohnenkraut, Barbarakraut, Benediktenkraut, Löffelkraut – alle zum Kochen und Heilen – haben mit Horn- und Zimbelkraut – vorwiegend Zierpflanzen – nur gemein, dass sie krautig sind.

23. Pfeffer-Minze: Welche Sorte der Pfeffer-Minze gilt als die beste Teeminze?

Auch bei Pfeffer-Minzen ist dies eine Frage des persönlichen Geschmacks. Probieren geht hier über Studieren. Entscheiden Sie am besten in einer gut sortierten Gärtnerei, welche Minze Ihnen am meisten zusagt. Zerreiben Sie dazu ein Blatt zwischen den Fingern, wärmen Sie es gut in der Hand an und schnuppern Sie dann ausgiebig. Das altbewährte und beliebte Teekraut, übrigens 2004 zur Arzneipflanze des Jahres gekürt, gibt es in unzähligen Spielarten. Diese unterscheiden sich äußerlich in Gestalt und Wuchsform sowie innerlich im Gehalt an Menthol und in der Zusammensetzung weiterer Inhaltsstoffe. Dadurch variieren sie mehr oder weniger im Aroma. Die bekannte Englische oder Mitcham-Minze (*Mentha × piperita* 'Mitcham') mit rötlichen Stängeln gilt als besonders kräftig im Aroma. Leider ist sie anfällig für Minzenrost und braucht zum Wachsen viel Feuchtigkeit. 'Eichenau' ist eine bayerische, 'Multimentha' eine thüringische Auslese. Beide gelten als starkwüchsig, robust und kräftig im Aroma. An der Bayerischen Landesanstalt für Bodenkultur und Pflanzenbau in Freising entstanden Sorten mit dem höchsten Gehalt aller Minzen an ätherischem Öl, wie 'Pluto'. Neben der

INFO

Ein wichtiges ätherisches Öl: Menthol
Die ätherischen Öle der Pfeffer-Minze (*Mentha × piperita*) enthalten Menthol, ebenso andere Minzen, Berg-Minzen (*Calamintha*) und manche Duft-Pelargonien (*Pelargonium*). Menthol riecht frisch, leicht süß, etwas stechend und typisch minzig. Auf der Haut scheint es kühlend zu wirken, beeinflusst aber die Temperatur nicht wirklich. Bei empfindlichen Menschen kann Menthol zu Magenbeschwerden führen. Daher sollten solche Personen auf mentholarme Minzen zurückgreifen.

echten Pfeffer-Minze oder Edel-Minze bereitet man heilkräftige Tees auch aus anderen Minzarten zu, die im Volksmund als Pfeffer-Minzen bzw. als Minzen bezeichnet werden. Hierzu zählen die Marokkanische, Tunesische und die türkische Nane-Minze, sowie alle Formen von *Mentha spicata* var. *crispa*. Der Tee aus diesen mentholhaltigen Minzen wirkt krampflösend und gegen Blähungen, fördert die Verdauung, hilft bei Durchfall und stoppt Brechreiz. Dazu trinkt man den ungesüßten Tee mäßig warm in kleinen Schlucken. Das Menthol darin kann allerdings empfindlichen Menschen auf den Magen schlagen. Dann ist man mit mentholarmen Minzarten besser bedient, aus denen sich ebenfalls sehr schmackhafte, belebende und magenfreundliche Tees zubereiten lassen. Dafür bieten sich fruchtige Minzen an wie Ingwer-Minze (*Mentha gentilis* 'Variegata'), Orangen-Minze (*Mentha × piperita* var. *citrata*) oder Erdbeer-Minze (*Mentha* spec.)

24. **Pflanzenetiketten: Was bedeuten die Symbole auf den Etiketten, die beim Kauf in den Kräutertöpfen stecken?**

Auf Pflanzenetiketten werden die wichtigsten Informationen zu den Pflanzen vermerkt. Neben dem Namen stehen hier vor allem Angaben zu Wuchs, Standortansprüchen und Pflege. Um dem Kunden die Auswahl zu erleichtern und ihm einen schnellen Überblick zu verschaffen, bedient man sich gewöhnlich einfacher Symbole oder Piktogramme, die den Standortwunsch der Pflanze betreffen. In aller Regel sprechen die Symbole bereits für sich selbst. Sie beziehen sich auf die Lichtansprüche, dargestellt durch einfache Kreise oder Sonnen. Ein weißer Kreis bzw. eine strahlende Sonne steht für vollsonnigen Standort, ein halb schwarz ausgefüllter für Halbschatten und ein schwarzer für Schatten. Manchmal folgen weitere Symbole, hier müssen Sie sich erkundigen, welche Bedeutung sie im Einzelnen haben.

25. **Qualität: Woran erkenne ich beim Kauf von Kräutern hochwertige Pflanzware?**

Eine gute Qualität zeigt sich auf den ersten Blick am kräftigen, kompakten Wuchs der Kräuter, die selbstverständlich frei sein müssen von jeglichen Anzeichen von Schädlingen und Krankheiten. Auch braune Blattspitzen, Löcher im Blattwerk oder abgeknickte Triebe sollten nicht vorhanden sein. Testen Sie unter Umständen Duft und Aroma, indem Sie ein Blättchen abknipsen (vorher bitte um Erlaubnis fragen!) und daran riechen und schmecken. Je intensiver sich Geruchsstoffe und Geschmack zeigen, umso hochwertiger ist die Ware. Die Erde soll angenehm nach Waldboden duften, keinen Moos-, Algen- oder gar Unkrautbewuchs zeigen. Prüfen Sie, wenn möglich, auch die Wurzeln. Heben Sie die Pflanzen dazu aus dem Topf. Die Wurzeln müssen hell und saftig sein und sollen kein spiraliges Geflecht am Topfboden bilden. Außerdem sollten die Pflanzen gut mit deutschem und botanischem Namen gekennzeichnet sein.

26. **Saatgut: Auf manchen Samentüten beim Händler ist eigens vermerkt, dass sie in einer Keimschutzverpackung stecken. Warum ist das erwähnenswert?**

Die Samen dienen den Pflanzen zur Erhaltung und Ausbreitung ihrer Art. Als Gärtner nutzt man sie zur gezielten Vermehrung und Ansiedlung für eigene Zwecke. In den meist winzigen Körnchen ist neben dem Embryo alles vorhanden, was zum Start in ein neues Pflanzenleben nötig wird. Lediglich Wärme und Wasser müssen noch von außen einwirken. Solange Samen trocken, dunkel und kühl gelagert werden, verharren sie in Ruhe. Erst optimale Temperaturen und reichlich Feuchtigkeit brechen diesen Schlafzustand. Dann beginnen die Samen zu keimen:

Sie quellen und ent-
wickeln zuerst ein
Keimwürzelchen,
dann erscheinen die
Keimblättchen. Eine
Keimschutzver-
packung bewahrt
davor, dass Samen
durch unsachgemäße
Lagerung vorzeitig zu
keimen beginnen,
indem etwa die
Tüten feucht werden.
Sie dient auch dazu,
das Saatgut länger
keimfähig zu halten.
Die aufwendige
Verpackung hat
natürlich auch ihren
Preis: Samen mit
Keimschutzver-
packung sind in der Regel teurer als solche, die
einfach lose in ihren Papiertüten stecken.

27. **Salbei: Mein Salbei hat grüne, schlanke
Blätter, und ich finde ihn nicht besonders
aromatisch. Gibt es da bessere Sorten?**

Als beliebtes Gewürz- und Heilkraut ist der Echte
oder Gewürz-Salbei (*Salvia officinalis*) weit verbreitet
und von Züchtern immer wieder bearbeitet worden.
Aus der Ursprungsart hat man inzwischen viele
Sorten gezüchtet, darunter solche mit besonders
gutem Aroma. Intensiven Duft und kräftigen Salbei-
geschmack in großen Blättern weist z. B. der Dalma-
tinische Salbei (*Salvia officinalis* ssp. *major*) auf,
weiterhin die Sorten 'Berggarten' oder 'Broad Leaf'.
Auch kraus- oder buntblättrige Formen ergeben oft
ein feines Küchengewürz, etwa 'Crispa' oder 'Aurea'.

SALBEI (*SALVIA*)

DEUTSCHER/ BOTANISCHER NAME	HÖHE/ MERKMALE	KURZINFO/ VERWENDUNG
Azteken-Salbei* *S. divinorum*	bis 1,5 m; Blätter seidig glänzend	schöne Zierpflanze; zum Räuchern
Frucht-Salbei* *S. dorisiana*	bis 2 m; fruchtig duftende Blätter	elegante Kübel-pflanze; für Tee und Süßspeisen
Klebriger Salbei *S. glutinosa*	bis 1,2 m; klebrige Blätter, gelbe Blüten	Blätter als Würze, Blüten zur Garnie-rung
Herbst-Salbei* *S. gregii*	bis 1 m; Blüten weiß, gelb, orange bis rot	schöne Zierpflanze; für Tee und Süß-speisen
Gewürz-Salbei *S. officinalis*	bis 0,5 m; grau-filzige Blätter, lila Blüten	Küchengewürz, Heilpflanze
Großblättriger Salbei *S. officinalis* 'Berggarten'	bis 0,5 m; graue, sehr große Blätter	Küchengewürz, besonders zum Füllen geeignet
Krauser Gewürz-Salbei *S. officinalis* 'Crispa'	bis 0,5 m; samtige, gekräu-selte Blätter	Küchengewürz mit intensivem Aroma
Wiesen-Salbei *S. pratensis*	bis 0,5 m; grünes Laub, blauviolet-te Blüten	Wiesenpflanze; Blätter als Wild-gemüse
Ananas-Salbei* *S. rutilans*	bis 0,8 m; fruchtig duftende Blätter	elegante Kübel-pflanze; für Tee und Süßspeisen
Muskateller-Salbei *S. sclarea*	bis 1,5 m; lila bis rosa Blütenstände	Küchengewürz, aromatisiert Wein

* = nicht winterhart

28. **Salzverträglichkeit:** **Wir wohnen nahe der Küste, unser Gartenboden ist daher ziemlich salzhaltig. Gibt es Kräuter, die das Salz vertragen oder sogar brauchen?**

Nicht nur in Meeresnähe, auch mitten im Land über Salzlagerstätten und entlang stark befahrener und im Winter gegen Glatteis gestreuter Straßen wird Salz oft zum Problem für Pflanzen. Nur wenige Arten kommen damit zurecht und können es über spezielle Mechanismen unschädlich machen, allen voran der Queller (*Salicornia europaea*), dessen verdickte Triebe auch als Gemüse oder Würzzutat verwendet werden. Mit Salz im Boden gedeihen auch Gänse-Fingerkraut (*Potentilla anserina*), Austernpflanze (*Mertensia maritima*), Löffelkraut (*Cochlearia officinalis*), Eiskraut (*Mesembryanthemum crystallinum*) oder Indischer Spinat (*Basella alba*). Die meisten Kräuter jedoch leiden früher oder später unter der Salzbelastung. Wenn Sie ein Kräuterbeet anlegen möchten, raten wir zu einem Hochbeet. Dort füllen Sie eine für Kräuter optimale Erde ein, die Sie austauschen können, sobald die Pflanzen nicht mehr gut wachsen. Günstig wirkt sich auch aus, den Salzeintrag von vornherein zu mindern. In küstennahen Gärten hilft eine dicht belaubte Hecke, z. B. aus Blut-Berberitzen (*Berberis thunbergii* 'Atropurpurea') oder Gold-Johannisbeere (*Ribes aureum*), quer zur Windrichtung. An Straßen kann man den Winter über Planen entlang der Grundstücksgrenze aufspannen, um Salzsprühnebel abzuhalten.

29. **Schatten:** **Mein Kräuterbeet liegt unter einem Baum. Welche Arten gedeihen dort?**

Im vollen Schatten unter dichten Baumkronen, wo nur im Frühjahr Sonne bis zum Boden fällt, können sich nur wenige, dafür aber interessante Kräuter behaupten: Bär-Lauch (*Allium ursinum*), Waldmeister (*Galium odoratum*) und Wald-Sauerklee (*Oxalis ace-*

tosella). Lässt das Blätterdach dagegen noch etwas Licht durch oder ist der Bereich unterm Baum zumindest ein paar Stunden besonnt, wird die Auswahl größer: Echte Engelwurz (*Angelica archangelica),* Duft-Veilchen (*Viola odorata*), Hohe Schlüsselblume (*Primula elatior* ssp. *elatior*), Kleiner Wiesenknopf (*Sanguisorba minor* ssp. *minor*), Scharbockskraut (*Ranunculus ficaria*), Weiße Taubnessel (*Lamium album*) oder Wald-Erdbeere (*Fragaria vesca*) ergeben z. B. ein hübsches Wildgarten-Ensemble.

30. **Tagetes:** Ich möchte die günstige Wirkung von Tagetes in Mischkultur gerne nutzen, nur mag ich den strengen Geruch der Pflanzen nicht. Gibt es eine Alternative?

Während die meisten Tagetes-Sorten zwar üppig mit großen Blütenbällen blühen und eben den unangenehmen, schon fast penetranten Geruch ausdünsten, verströmen einige kleinblumige Arten eher Wohlgeruch und leisten dieselben Dienste: Sie vertreiben nämlich schädliche Fadenwürmer im Boden und wirken so einer Bodenmüdigkeit entgegen. Gewürz-Tagetes (*Tagetes tenuifolia*) gibt es in verschiedenen Sorten, die sich vor allem in der Blütenfarbe unterscheiden. 'Lemon Gem' blüht gelb, 'Orange Gem' orange und 'Red Gem' weinrot. Bei allen drei Sorten steigt vom Laub ein würzig-zitronenartiges Aroma auf, sobald es vom Wind bewegt wird oder man es berührt. Die Blütchen, die sehr würzig nach Zitrusschale schmecken, kann man ebenso in der Küche verwenden wie die leicht bitteren Blättchen.

Tagetes in Mischkultur sehen hübsch aus und sorgen für eine gesunde Entwicklung von Gemüsen und Kräutern.

31. **Transport nach Hause:** Wie bringe ich frisch erworbene Kräutertöpfe heil nach Hause?

Die Kräuter schützt man vor Hitze, Kälte, Wind und sonstigen schädlichen Einflüssen. Wickeln Sie sie einzeln in Papier, stellen sie in eine Kiste und transportieren sie so schnell wie möglich. An sehr heißen Tagen lässt man Kräuter nicht im Kofferraum des Autos oder in praller Sonne „schmoren". Bei Frost müssen Sie die Ware besonders dick einpacken, z. B. in mehrere Lagen Zeitungspapier. Zu Hause gleich auspacken, schattig stellen und gießen, falls nötig.

32. **Veredlung:** Manche Kräuter, wie Basilikum, werden als veredelte Pflanzen angeboten. Was sind die Vorteile; lohnt sich die Anschaffung?

Beim Veredeln wird eine edle Art oder Sorte auf eine sogenannte Wurzelunterlage aufgepfropft, um besonders robuste und wüchsige Pflanzen zu erhalten. Man vereint dabei die Vorteile einer wuchsstarken, anspruchslosen Pflanzenart, welche der eigentlichen Kultursorte ihre Wurzeln leiht. So erzielt man besonders leistungsstarke und gegen Schädlinge und Krankheiten oft gut gefeite Pflanzen. Bei Rosen trägt eine Wildrose eine Edelsorte, bei Tomaten oder Gurken eine krankheitsresistente Sorte die fruchttragende. Auch manche Kräuter sucht man durch Veredlung zu Höchstleistungen zu bringen oder spezielle Wuchsformen zu fördern. Bisweilen sind Lorbeerbäumchen (*Laurus nobilis*) oder Rosmarinstämmchen (*Rosmarinus officinalis*) veredelt. Neuerdings gibt es veredeltes Basilikum (*Ocimum basilicum*), das sehr wuchsstark, ertragreich und robust sein soll. Ob es sich lohnt, das meist nur einjährig gezogene Basilikum als sehr teure veredelte Variante zu kaufen, muss sich noch erweisen.

33. Versand: Ich möchte Kräuter bei einer Spezialgärtnerei bestellen. Was muss ich beachten?

Vor der Bestellung sollten Sie sich mit den allgemeinen Geschäfts- und Lieferbedingungen des Versenders vertraut machen. Erkundigen Sie sich genau nach Versandarten und Zahlungsmöglichkeiten, nach Garantien und Rückgaberechten. Wird ein Ersatz für eventuell nicht vorrätige Pflanzen angeboten oder gleich dafür eingepackt? Meist besteht für Pflanzen kein Rückgaberecht, da es sich nach dem Gesetz um verderbliche Ware handelt. Bestellen Sie nur so viel, wie Sie wirklich brauchen. Wenn Sie mit Nachbarn und Bekannten eine Sammelbestellung aufgeben, kann man Versandkosten sparen und vielleicht Rabatte aushandeln. Beachten Sie, dass viele Versender die Ware zur besten Pflanzperiode ausliefern und nicht unbedingt zum Bestellzeitpunkt. Stellen Sie sicher, dass jemand zu Hause ist, wenn die Lieferung eintrifft, oder dass der Nachbar das Paket annehmen kann, damit es nicht lange ungeschützt vor der Tür in der Sonne steht bzw. Tage beim Paketdienst zwischenlagert. Packen Sie die Ware umgehend aus und prüfen Sie sie. Die Pflanzen sollten so schnell wie möglich wieder an die frische Luft und gewässert werden.

34. Wintergarten: Welche Kräuterarten lassen sich gut im Wintergarten kultivieren?

Grundsätzlich können Sie alle Kräuter im Wintergarten ziehen. Allerweltskräuter wie Petersilie und Schnitt-Lauch gedeihen jedoch im Freien erheblich besser. In geheizten Wintergärten, die auch im Winter Wohnraumtemperatur bieten, sind Kräuter tropischer Herkunft gut aufgehoben, z. B. Frucht- und Pracht-Salbei (*Salvia*), Zitronengras (*Cymbopogon citratus*), Kurkuma (*Curcuma longa*), Wasserysop (*Bacopa monnieri*), Ingwer (*Zingiber officinale*), Moujean-Tee (*Nashia inaguensis*) oder Indischer Nierentee (*Orthosiphon aristatus*). Letztere sind ausgesprochene Teekräuter; Sie haben also schnell einige schmackhafte Teelieferanten zur Hand, ergänzt durch die zuckrigen Blätter des Süßkrauts (*Stevia rebaudiana*) oder des Aztekischen Süßkrauts (*Lippia dulcis*). Ein ungeheizter Wintergarten, der im Winter aber frostfrei bleibt, ist ein guter Ort und ein ideales Überwinterungsquartier für mediterrane Arten wie Rosmarin (*Rosmarinus officinalis*), Lavendelarten (*Lavandula*), Lorbeer (*Laurus nobilis*), Balsamstrauch (*Cedronella canariensis*), ebenso für asiatische Köstlichkeiten wie Kamm-Minze (*Elsholtzia*) oder Kaffir-Limette (*Citrus hystrix*).

Ein unbeheizter Wintergarten ist ideal zur Überwinterung vieler mediterraner Kräuter wie Lorbeer und Rosmarin.

Pflanzen
und pflegen

Kräuter sind meist pflegeleichter
als andere ihrer Schwestern.
Mit ein paar gekonnten Hand-
griffen verhelfen Sie ihnen zur
Top-Form. Üppiger Wuchs gepaart
mit Aromafülle sind der Lohn für
ein wenig Aufmerksamkeit.

35. **Anlage:** Gibt es für die Anlage eines Kräuterbeetes einen besonders geeigneten Zeitpunkt?

Wenn Sie das Kräuterbeet komplett neu anlegen und nicht ein bestehendes Stauden- oder Gemüsebeet umwidmen, sind meist umfangreichere Arbeiten nötig. Der Herbst ist dafür ein günstiger Zeitpunkt. Zuerst müssen Sie natürlich den Platz festlegen. Wählen Sie dafür den sonnigsten Bereich im Garten. Mindestens vier bis fünf Stunden pro Tag sollten die Kräuter voll von der Sonne beschienen werden, vor allem wenn es sich um sonnenverwöhnte Arten wie Salbei, Rosmarin, Lavendel oder Basilikum handelt (→ Frage 36). Je näher das Kräuterbeet am Haus liegt, desto leichter tun Sie sich später mit der Ernte – auch bei Regen. Je nach der gewünschten Form des Beetes wird dann das Areal mit Schnüren und Pflöcken abgesteckt und die Ränder mit Sand, Sägespänen oder dergleichen markiert. Berücksichtigen Sie dabei auch gleich ca. 20–30 cm breite Wege bzw. Trittplatten. Dann stechen Sie den Boden entlang der Ränder ab und lagern ihn in der Mitte des Beetes, denn Sie arbeiten ihn später wieder ein. Grassoden sollten Sie allerdings nicht mehr verwenden. Nun wird der Boden tiefgründig mit der Grabgabel gelockert und gegebenenfalls verbessert (→ Frage 40). Glätten Sie ihn mit dem Rechen und bringen Sie zum Schluss eine Mulchschicht aus, z. B. Rindenmulch, Kompost oder Laub. Über den Winter verrottet das Material und beschert Ihnen dann im Frühjahr eine feinkrümelige Erde, bereit zur Aussaat und zur Pflanzung.

36. **Aroma intensivieren:** Kann ich meine Kräuter unterstützen, damit ihr Duft und ihr Geschmack möglichst intensiv werden?

Jede Pflanze ist an die Verhältnisse ihrer ursprünglichen Heimat angepasst und stellt dementsprechend ihre Bedingungen an Boden, Licht, Nährstoffe und

Wasser. Nur wenn diese Ansprüche einigermaßen erfüllt werden, entwickeln sie sich optimal. Deshalb ist es wichtig, sich mit den Bedürfnissen der einzelnen Arten auseinanderzusetzen, um sie standortgerecht pflanzen zu können. Eine große Rolle spielt dabei das Sonnenlicht. Vor allem Kräuter aus südlichen Gefilden brauchen einen hellen Platz (→ Frage 35). Nur wenn die Photosyntheseleistung stimmt, können die Inhaltsstoffe in entsprechender Konzentration gebildet werden, denn ihre Herstellung benötigt viel Energie. Auch die Nährstoffversorgung muss auf die Erfordernisse abgestimmt sein (→ Frage 43).

37. Austrieb: Es ist bereits April, und einige Kräuter, wie der Quendel, haben noch immer keine neuen Blätter. Sind sie im Winter eingegangen?

Nein, sie sind vermutlich nicht eingegangen. Manche einheimischen Arten, wie eben der Quendel oder Feld-Thymian (*Thymus serpyllum*), treiben erst sehr spät aus. Damit verringert sich für ihn nämlich die Gefahr, seine jungen, noch zarten Blättchen durch Spätfröste wieder einzubüßen. Das ist sehr ökonomisch, denn die Pflanze vergeudet keine wertvolle Energie durch einen eventuell nutzlosen Austrieb.

EXTRATIPP

Erhöhtes Beet bei schlechtem Boden
Die meisten Kräuter brauchen zum optimalen Gedeihen einen tiefgründigen, durchlässigen und humosen Lehmboden. Mit schwerem Tonboden kommen nur sehr wenige Arten zurecht; dazu gehören z. B. Meerrettich (*Armoracia rusticana*) oder Löffelkraut (*Cochlearia officinalis*). Da sich derart schwierig zu kultivierende Böden auch durch Einarbeitung von Sand und Kompost kaum aufbessern lassen, ist es in solchen Fällen am besten, ein Hochbeet anzulegen (→ Frage 53).

Im Frühjahr überzieht Bär-Lauch ganze Landstriche mit seinen weißen, nach Knob-Lauch duftenden Blüten.

38. Bär-Lauch als Bodendecker: In freier Natur wächst der Bär-Lauch in großen Teppichen unter Bäumen. Ist er damit als Bodendecker für den Garten geeignet?

Bär-Lauch wächst am besten auf feuchten, kalkhaltigen und humusreichen Böden. Da er halbschattige bis schattige Plätze bevorzugt, siedelt er sich gerne unter Bäumen und Sträuchern an. Wenn Sie im Garten solche dunklen Bereiche haben, können Sie diese mit Bär-Lauch wunderbar bepflanzen. So schlagen Sie zwei Fliegen mit einer Klappe: Zum einen können Sie immer frischen Bär-Lauch ernten, und zum anderen begrünen Sie Stellen, an denen sich viele Arten schwertun. Vor allem im zeitigen Frühjahr, wenn die meisten Kräuter noch nicht zum Leben erwacht sind, zeigt sich Bär-Lauch von seiner frischgrünen, nach Knob-Lauch duftenden Seite. Nach der Blüte zieht er ein und macht Platz für andere schattenverträgliche Arten. Außerdem ist er sehr anspruchslos, braucht keinen zusätzlichen Dünger und muss nur bei lang anhaltender Trockenheit gewässert werden. Sie können entweder im Herbst Zwiebeln setzen oder die Samen breitwürfig ausstreuen und 1–2 cm hoch mit Erde bedecken. Da die Art zu den Kaltkeimern gehört (→ Frage 138), keimt sie erst im darauf folgenden Frühjahr.

39. Basilikum auf der Fensterbank: In meinen Kasten auf der Küchenfensterbank pflanze ich immer wieder frische Küchenkräuter. Während Salbei und Oregano gut wachsen, geht das Basilikum oft schon nach wenigen Tagen ein. Woran liegt das?

Großblättriges Basilikum, das als Topfware im Supermarkt oder im Gemüseladen verkauft wird, ist eher für den raschen Verbrauch und für die einmalige Ernte gedacht – immerhin bleibt es so länger frisch als im geschnittenen Bund. Es wird in der Regel sehr dicht in die Verkaufstöpfe gesät und bei hoher Temperatur und Licht rasch hochgezogen. Oft nehmen die Wärme liebenden, zugempfindlichen Pflanzen es schon übel, wenn man nur die Schutzfolie entfernt, vor allem im Winter, wenn im Zimmer trockene Heizungsluft vorherrscht. Wenn Sie Basilikum gern im Kasten weiterkultivieren möchten, empfehlen sich deshalb besser die kleinblättrigen Arten und Sorten, die meist etwas robuster sind.

INFO

Leichte Sandböden Sandige Böden sind sehr locker und deshalb leicht zu bearbeiten. Zudem erwärmen sie sich rasch und trocknen nach Niederschlägen schnell ab. Allerdings können Sandböden Wasser und Nährstoffe nur schwer speichern. Um sie für anspruchsvollere Kräuter, wie Petersilie oder Schnitt-Lauch, aufzubessern, werden sie deshalb mit reifem Kompost und Gesteinsmehl vermischt.

40. Boden verbessern: Unser Gartenboden ist schwer und steinig, wie verbessere ich ihn für eine Kräuterpflanzung? **?**

Das Gros der Kräuter wächst am besten in einem sandigen, humusreichen Lehmboden. In einem solchen Boden finden sich zu etwa gleichen Teilen sowohl grobe als auch feine Partikel, das macht ihn locker und durchlässig.

Außerdem ist er ausreichend durchlüftet und kann Wasser und Nährstoffe gut speichern. Schwere Böden weisen einen hohen Anteil an sehr feinen Partikeln auf, wodurch sie zwar das Wasser gut halten können, aber leicht staunass werden und sich nur zögerlich erwärmen. Für ein Erfolg versprechendes Kräuterbeet müssen Sie den Boden deshalb ca. 25–30 cm tief ausheben und ihn gründlich mit Sand und Kompost vermischen, je nach Beschaffenheit des Bodens jeweils zu etwa einem Drittel. Kommen viele Steine zutage, empfiehlt es sich, die Erde vor der Verbesserung durch ein Sieb zu werfen. Bei sehr schweren Tonböden kommt man damit jedoch auch nicht mehr weit. Bei solchen Bedingungen sollten Sie die Anlage eines Hochbeetes erwägen (→ Extratipp Seite 47, Frage 53).

41. Boden vorbereiten: Muss der Boden speziell vorbereitet werden, um Mittelmeerkräutern wie Rosmarin und Thymian einen optimalen Wachstumsstart zu ermöglichen?

Gerade Pflanzen aus südlichen Ländern bevorzugen im Allgemeinen sandige, eher magere Böden – entsprechend ihrem Heimatstandort. Mit fetter und schwerer Erde kommen sie dagegen nicht so gut zurecht. Deshalb sorgen Sie am besten dafür, dass der Boden locker und feinkrümelig ist. Im Herbst graben Sie schweren Boden mit dem Spaten um, leichten lockern Sie mit der Grabgabel. Arbeiten Sie nun bei Bedarf Sand und Kompost unter (→ Frage 40), für Mittelmeerkräuter erhöhen Sie dabei den Sandanteil etwas. Handelt es sich um leichten Sandboden, nehmen Sie statt Sand Lehm. Glätten Sie die Oberfläche und bringen Sie anschließend eine dünne Mulchschicht aus (→ Frage 110). Im Frühjahr entfernen Sie die Mulchreste. Anschließend rechen Sie die Oberfläche, bis sie schön glatt und feinkrümelig ist. Jetzt ist der Boden optimal vorbereitet, und Sie können säen oder vorgezogene Pflanzen einsetzen.

42. **Bodenqualität testen:** Wie erkenne ich, welche Qualität mein Boden im Kräuterbeet hat?

Es gibt verschiedene Methoden, die Qualität eines Bodens zu testen. Besonders einfach ist die Fingerprobe. Mit ihr erhalten Sie einen groben Eindruck über die Bodenart. Dazu nehmen Sie etwas leicht feuchte Erde und drücken sie zusammen. Lässt sich die Probe zu einer Wurst formen bzw. kneten und bleiben Erdreste in den Fingerrillen haften, handelt es sich um schweren Tonboden. Rieselt sie durch die Finger, haben Sie es mit leichtem Sandboden zu tun. Humoser Lehmboden dagegen zerfällt wie Kuchenstreusel in lockere Krümel. Auch die Schlämmprobe ist einfach durchzuführen. Nehmen Sie ein Einmach-

1 *Mit der Fingerprobe testen Sie die Qualität des Bodens. Sandboden zerrinnt sprichwörtlich durch die Finger.*

2 *Humosen Lehmboden erkennt man daran, dass er sich zwar bedingt formen lässt, dann aber zu lockeren Krümeln zerfällt.*

3 *Schwerer Tonboden lässt sich gut formen. Knetet man ihn mit den Händen, setzen sich die Reste in den Fingerrillen fest.*

oder Schraubglas und geben Sie eine Handvoll Erde hinein. Füllen Sie mit Wasser auf, verschließen Sie das Glas und schütteln Sie es gründlich durch. Dann stellen Sie das Behältnis ab, und beobachten, was passiert. Haben Sie Sandboden vor sich, setzt sich die Erde schnell am Boden ab und das darüber stehende Wasser klärt sich auf. Beim Tonboden bleibt das Wasser trüb, auch nach vielen Stunden setzen sich keine Partikel ab. Besitzt die Probe einen hohen Humusanteil, wird das Wasser dunkel, und die groben Partikel schwimmen auf. Wer es genau wissen möchte, kann auch eine Bodenprobe entnehmen und in einer staatlichen Forschungsanstalt oder in einem privaten Labor untersuchen lassen (Adressen in den Gelben Seiten oder im Internet). So erhält man genaue Auskunft über Bodenbeschaffenheit, Bodenqualität und Nährstoffgehalt des Bodens. Dazu nehmen Sie eine Mischprobe, d. h. Erde von verschiedenen Stellen des Beetes, füllen davon ca. 500 g ab und schicken sie ein. Neben den wissenschaftlichen Ergebnissen erhalten Sie meist auch Empfehlungen zu Düngung oder Bodenverbesserung.

43. Düngen: Stimmt es, dass Kräuter umso besser gedeihen, je weniger Nährstoffe sie bekommen?

Ja und nein. Es gibt Pflanzen, die zum optimalen Gedeihen sozusagen einen reich gedeckten Tisch benötigen, etwa Liebstöckel (*Levisticum officinale*),

EXTRATIPP

Topferde abmagern
Kräuter brauchen lockeres, nicht zu nährstoffreiches Substrat. Normale Blumenerde ist den meisten zu fett. Deshalb magert man diese vor der Verwendung ab, indem man einen Teil Sand untermischt. Für Hungerkünstler aus dem Mittelmeerraum, die sehr magere, steinige Erde bevorzugen, z. B. Thymian oder Oregano, geben Sie noch etwas feinen Kies, Splitt oder Lavagrus dazu.

Schnitt-Lauch, Knob-Lauch, Sauerampfer (*Rumex acetosa*), Süßwurzel (*Sium sisarum*), Beinwell (*Symphytum officinale* ssp. *officinale*), Minzen, Zitronen-Melisse oder Gewürz-Fenchel (*Foeniculum vulgare* var. *dulce*). Viele andere dagegen, allen voran die Mittelmeerkräuter wie Rosmarin, Lavendel, Thymian, Oregano, Majoran und Salbei, kommen auch mit Sparkost zurecht. Sie entfalten ihr bestes Aroma, wenn man sie nur sehr sparsam mit Nährstoffen versorgt. Werden die Pflanzen nämlich zu stark gedüngt, vor allem mit Stickstoff (N), bilden sie viel Blattmasse mit weichem Gewebe, was wiederum zulasten des Geschmacks geht. Außerdem wird die Pflanze anfällig für Krankheiten und Schädlinge. Das heißt, beim Düngen ist viel Fingerspitzengefühl gefragt. Am besten geeignet sind ohnehin organische Dünger. Sie werden langsam abgebaut und versorgen die Pflanze über einen längeren Zeitraum mit Nährstoffen. Es gibt sie in unterschiedlicher Form, z. B. als Stäbchen, Drops oder flüssig. In der Regel genügt eine Gabe im Frühjahr, nur sehr hungrige Arten erhalten im Sommer noch eine zweite Ration. Auch Algenpräparate und Hornspäne zählen zu den organischen Düngern, ebenso reifer Kompost, von dem man allerdings pro Quadratmeter nicht mehr als 1 l geben sollte.

44. Düngen mit Kräutern: **Kräuter enthalten viele Mineralstoffe und Spurenelemente. Kann ich diese Inhaltsstoffe auch anderen Pflanzen zugutekommen lassen?**

Ja, das können Sie. Gut geeignet sind Brühen aus nährstoffreichen Arten wie Schachtelhalm, Brennnessel, Beinwell oder Löwenzahn. Besonders wirksam ist eine Mischung aus diesen Kräutern. Sie versorgen damit die Pflanzen nicht nur auf sanfte Weise mit den nötigen Nährstoffen, sondern schützen sie zudem vor Krankheiten und Schädlingen (→ Tabelle Seite 88). Überbrühen Sie ca. 100 g frische oder 20 g getrock-

nete Kräuter mit 1 l kochendem Wasser. Lassen Sie
den Sud abkühlen und seihen Sie ihn dann ab. Nährstoffbedürftige Pflanzen werden damit unverdünnt
gegossen; pro Exemplar brauchen Sie je nach Größe
0,5–2 l. Genügsamere Arten erhalten die Brühe
verdünnt mit Wasser im Verhältnis 1:1.

45. **Frostschaden:** **Bei uns erfriert der Rosmarin
jedes Jahr. Wie können wir das verhindern?**

Rosmarin kommt, wie andere frostempfindliche
Halbsträucher und Sträucher, bei uns nicht ungeschützt durch den Winter. Kann man ihn nicht hell
und kühl im Haus aufstellen, braucht er einen entsprechenden Schutz (→ Frage 75). Vor allem kalter
Wind macht ihm schwer zu schaffen. Er leidet dann
häufig unter Frosttrocknis (→ Extratipp).

46. **Gefäße:** **Ziehe ich meine Kräuter besser in
Tontöpfen oder in Kunststoffgefäßen?**

In welchem Gefäß Sie Ihre Kräuter ziehen, bleibt
hauptsächlich Ihrem persönlichen Geschmack überlassen. Ton, Terrakotta und Keramik passen besonders

INFO

So gefährlich wie Erfrieren: Frosttrocknis
Frosttrocknis ist ein Schaden, der – wie die Bezeichnung
bereits vermuten lässt – im Winter auftritt, und zwar vorwiegend bei immergrünen Pflanzenarten. Gefährdet sind
hauptsächlich Gefäßkulturen. Friert der Wurzelballen
komplett durch, kann die Pflanze nämlich kein Wasser
mehr aufnehmen, das die Blätter jedoch ständig verdunsten,
vor allem an windigen oder sonnigen Tagen. Mangels Nachschub führt dies letztendlich zum Vertrocknen.

gut zu südländischen Arten. Solche Gefäße sind zudem atmungsaktiv, was bedeutet, dass die Wurzeln gut belüftet werden. Allerdings verdunstet das Wasser sehr rasch durch das poröse Material, was für Trockenheit liebende Kräuter jedoch eher von Vorteil ist. Um diesen Effekt etwas zu mildern, stellen Sie Tontöpfe vor dem Einpflanzen ein paar Stunden in einen

> *In solch hübschen Gefäßen und passend in Szene gesetzt, wird jedes Kräuterensemble zum absoluten Blickfang.*

Eimer mit Wasser. So kann sich das Gefäß erst gut vollsaugen, und die Erde trocknet nicht gleich wieder aus. Aber egal, welches Material Sie bevorzugen: Wichtig ist, dass die Töpfe über ausreichend große Wasserabzugslöcher verfügen.

47. Gießen im Sommer: In sommerlichen Trockenperioden macht das Gießen immer sehr viel Arbeit. Wie kann ich den Aufwand bei Kräutern reduzieren?

Gießen Sie am besten frühmorgens oder am späten Nachmittag (→ Frage 51). Wässern Sie nicht die Pflanzen, sondern die Erde, und zwar gründlich. Erst wenn das Wasser nur noch langsam versickert, ist es ausreichend. Dieses durchdringende Gießen fördert die Bildung von tiefer reichenden Wurzeln, die so in feuchtere Schichten vordringen können. Wenn man immer nur ein wenig Wasser gibt, werden vorwiegend oberflächennahe Wurzeln gebildet, die dann natürlich schneller von Trockenheit betroffen sind.

48. Gießen im Winter: Salbei, Rosmarin und Thymian stehen bei mir in großen Pflanztrögen, sie überwintern im Freien. Muss ich die Kräuter im Winter gießen?

Halbsträucher und Sträucher aus dem Mittelmeerraum überleben unsere Winter ohne entsprechenden Schutz kaum. Besonders gefährdet sind immergrüne Arten, also Pflanzen, die ihr Laub im Herbst nicht abwerfen, sondern über den Winter behalten. Sie verdunsten nämlich auch dann Wasser über die Blätter, wenn Frost herrscht, vor allem an sonnigen Tagen. Wenn das Wasser in der Erde gefroren ist, können die Wurzeln es nicht mehr aufnehmen, was zum Vertrocknen der Pflanze führt. Der Fachmann spricht dann von Frosttrocknis (→ Info Seite 54). Gefährlich sind zudem kalte Winde, die Verdunstung und Austrocknung zusätzlich fördern. Mit einem entsprechenden Winterschutz können Sie dem jedoch vorbeugen (→ Frage 74). Außerdem sollten Sie im Spätherbst, bevor die ersten starken Fröste einsetzen, die Pflanzen noch einmal kräftig und durchdringend gießen, dann kommen sie leichter über den Winter. Ist der Wurzelballen nämlich erst einmal gefroren, ist alles weitere Wässern zwecklos. In milden Wintern und klimatisch begünstigten Lagen kann es jedoch empfehlenswert sein, während länger dauernder, frostfreier Perioden nochmals zu wässern. Kontrollieren Sie vor allem eingepackte Pflanzen vorher auf Trockenheit, und gießen Sie nur so viel, dass der Wurzelballen gerade nicht austrocknet (→ Frage 49).

49. Gießen von Kräutern in Gefäßen: Wie gieße ich meine Kräuter im Balkonkasten und auf der Fensterbank richtig?

Gießen Sie die Kräuter erst, wenn es nötig ist. Die meisten Pflanzen in Gefäßen sterben nämlich eher den Tod durch Ertrinken als den durch Vertrocknen.

Generell ist es besser, seltener und dafür durchdringend zu gießen als häufig und immer nur wenig. Befeuchten Sie die Erde, nicht die Pflanzen. Hier ein paar Tricks zur Bestimmung des richtigen Zeitpunkts:

➤ **Die Fingerprobe:** Stecken Sie Ihre Fingerspitze ca. 2 cm tief in die Erde. Fühlt das Substrat sich feucht an, brauchen Sie noch nicht zu gießen.

➤ **Die Klopfprobe:** Klopfen Sie mit dem Fingerknöchel gegen den Topfrand. Klingt es hell und hohl, müssen Sie wässern. Bei dumpfem Klang ist dagegen noch ausreichend Feuchtigkeit vorhanden.

➤ **Welkeanzeichen:** Schlaff herabhängende Blätter und Triebe sind ein untrüglicher Hinweis auf Wassermangel, ebenso Substrat, das sich vom Topfrand ablöst. Spätestens jetzt müssen Sie gründlich gießen. Ist die Pflanze völlig schlapp, tauchen Sie am besten das ganze Gefäß in einen Eimer Wasser und lassen es sich richtig vollsaugen. Die Toleranzgrenze, ab der Wassermangel zu irreversiblen Schäden führt, ist übrigens von Art zu Art verschieden.

50. Gießwasser läuft sofort ab: Beim Gießen läuft das Wasser immer sofort durch meine Kräutertöpfe hindurch, die Erde bleibt dabei trocken. Was muss ich tun?

Wahrscheinlich haben Sie vergessen, eine Tonscherbe über das Abzugsloch im Topf zu legen. Diese hat mehrere Funktionen. Zum einen verhindert sie, dass sich Staunässe bildet, wenn Wasser nicht

Ist die Pflanze einmal völlig eingetrocknet, taucht man den ganzen Topf in einen Eimer oder eine Wanne mit Wasser.

ablaufen kann. Andererseits stoppt sie das Wasser, damit es eben nicht ungehindert einfach durchlaufen kann, sondern das Substrat befeuchtet, das im Übrigen durch die Scherbe auch im Topf gehalten wird.

51. **Gießzeitpunkt: Wann gieße ich meine Kräuter im Beet am besten – morgens oder abends?**

Es ist empfehlenswert, entweder am frühen Morgen oder am späten Nachmittag bzw. gegen Abend zu gießen. Dann ist es im Sommer nicht so heiß, und das Wasser kann bis in tiefere Schichten durchdringen, wo es besser gespeichert wird und den Wurzeln länger zur Verfügung steht (→ Frage 47). Gießt man während der Mittagshitze, verdunstet ein Teil schon beim Wässern. Vermeiden Sie Wassertropfen auf den Blättern, die wirken einerseits wie Brenngläser und verursachen Sonnenbrand, andererseits begünstigen sie das Eindringen von Schaderregern.

52. **Hacken: Ist es sinnvoll, den Boden – wie im Gemüsegarten auch – im Kräuterbeet regelmäßig zu hacken?**

Ja. Die Bodenlockerung mit der Hacke bewirkt, dass die haarfeinen Kanälchen in der Erde unterbrochen werden. Das wiederum reduziert die Verdunstung des Bodenwassers, welches durch diese Kapillaren nach oben steigt. Der Effekt ist: Sie müssen weniger gießen.

Sternfräsen und Gartenwiesel benutzt man zum Belüften, Zerkrümeln und Glätten der oberen Bodenschicht.

53. Hochbeet: **Lassen sich Kräuter ähnlich wie Gemüse in einem Hochbeet ziehen?**

Ein Hochbeet ist die ideale Lösung, wenn Ihr Garten einen sehr schwerem Tonboden hat (→ Extratipp Seite 47). Auch wenn Sie Rückenprobleme haben und Ihnen das Bücken zur Last fällt, sind Sie mit einem solchen Beet gut beraten. Das Prinzip des Hochbeetes ist dasselbe wie beim Hügelbeet: Man macht sich die Wärme, die durch den Verrottungsprozess verschiedener Materialschichten entsteht, zunutze; es entsteht sozusagen eine natürliche Fußbodenheizung. Stecken Sie für ein Hochbeet an einem sonnigen Ort die Umrisse ab. Das Beet sollte eine Breite von 120–150 cm haben; die Länge richtet sich nach dem zur Verfügung stehenden Platz. Eine Höhe von 70–90 cm ist ideal. Schachten Sie den Boden ca. 20–30 cm tief aus und legen Sie zum Schutz gegen Schädlinge ein feinmaschiges Drahtgeflecht hinein. Für die Umrandung eignen sich z. B. Rundhölzer, Holzbalken, Palisaden oder Hohlblocksteine. Nur druckimprägniertes oder mit ungiftigen Mitteln behandeltes Holz verwenden! Je nach Material befestigen Sie innen eine reißfeste Folie, damit keine Erde herausrieseln kann. Zuunterst kommt eine ca. 20–30 cm hohe Schicht aus zerkleinertem Gehölzabfall. Darüber schichten Sie eine Lage umgedrehte Grassoden, dann 30–40 cm mit Laub vermischten Frischkompost und darüber eine etwa ebenso dicke Schicht Gartenerde mit reifem Kompost. Hinsichtlich der Bepflanzung gelten dieselben Regeln wie beim Gemüseanbau: In den ersten drei Jahren kultiviert man nährstoffbedürftige Arten (Stark- und Mittelzehrer), ruhig auch gemischt mit Gemüse; in den den darauf folgenden eher genügsame Pflanzen (Schwachzehrer). Allmählich sacken die Schichten ab. Entweder Sie füllen das Hochbeet immer wieder mit Kompost und Gartenerde auf, oder Sie müssen nach 5–6 Jahren das ganze Beet neu bestücken. Wichtig ist auch regelmäßiges Gießen, denn durch die lockere Schichtung trocknet das Beet leicht aus.

54. **Jauche: Wie stelle ich Brennnesseljauche zur Düngung und Pflanzenstärkung her?**

Brennnesseljauche wird genauso hergestellt wie alle anderen Pflanzenjauchen, z. B. aus Acker-Schachtelhalm oder Beinwell. Nehmen Sie dafür 1 kg Frischmaterial und zerkleinern Sie es zunächst grob. Geben Sie die Kräuter dann in ein Behältnis und bedecken Sie alles mit ca. 10 l Wasser. Dafür gut geeignet sind Fässer aus Holz, Polyethylen oder Steingut. Wer keine frische Ware zur Hand hat, kann sich auch mit 150–200 g getrockneten Kräutern oder bereits fertig erhältlichen Trockenmischungen behelfen. Nun stellen Sie den Behälter an einem sonnigen, warmen Platz auf und decken ihn mit einem Gitterrost ab, damit keine Tiere hineinfallen können. Verschließen Sie das Fass aber nicht mit einem Deckel, da der für die Umsetzung notwendige Sauerstoff sonst nicht in die Flüssigkeit gelangen kann. Nach kurzer Zeit setzt die Gärung ein, was an der Blasenentwicklung erkennbar ist. Nun müssen Sie täglich einmal umrühren, bis der Gärungsprozess abgeschlossen ist, was ca. 10–14 Tage dauert. Wenn die Jauche eine dunkle Farbe angenommen hat und nicht mehr schäumt, ist sie fertig. Nach dem Abseihen wird sie im Verhältnis 1:10 mit Wasser verdünnt und kann nun vorbeugend oder zur Bekämpfung von Krankheiten und zur milden Düngung verwendet werden.

EXTRATIPP

Gesteinsmehl zur Geruchsbindung
Pflanzenjauchen entstehen durch Gärung, wodurch die Inhaltsstoffe aus den Pflanzenzellen herausgelöst werden. Dabei entsteht Kohlendioxid, erkennbar an der Bläschen- und Schaumbildung. Den dabei auftretenden unangenehmen Gerüchen wirkt man gut durch Gesteinsmehl entgegen, das man beim täglichen Umrühren zufügt.

55. Knob-Lauch pflanzen: Wie pflanze ich die Zehen von Knob-Lauch richtig ein?

Knob-Lauch wird am besten im April, in wärmeren Gegenden auch bereits im August gepflanzt. Stecken Sie die einzelnen Zehen bzw. die Brutzwiebeln im Abstand von 15 cm etwa 5 cm tief in den Boden und klopfen Sie die Erde leicht fest. Dann gießen Sie die Zwiebeln an. Haben

> *Die frischen Knoblauchzwiebeln müssen in einzelne Zehen zerlegt werden, bevor sie in die Erde kommen.*

Sie im Frühjahr gesteckt, können Sie im August/September ernten, die Herbstpflanzung wird im darauf folgenden Mai oder Juni reif (→ Frage 128).

56. Kümmerwuchs: Ich habe einen kräftigen Schnitt-Lauch mit schönen, dicken Röhren gepflanzt. Anfangs ist er gut gewachsen. Nach der ersten Ernte aber treiben nur noch spärliche, hellgrüne Halme nach. Woran liegt das?

Schnitt-Lauch gehört zu den Arten, an denen Sie jahrelang Freude haben können – vorausgesetzt, Sie pflegen ihn richtig. Schnitt-Lauch muss regelmäßig geerntet werden, damit er immer wieder durchtreibt (→ Frage 66). Er hat außerdem einen relativ hohen Nährstoffbedarf. Leider erschöpft sich dadurch das Substrat vergleichsweise rasch, und die Pflanze vergreist, was sich eben durch einen spärlichen, hellgrünen Austrieb bemerkbar macht. Nehmen Sie den Stock deshalb öfter auf, teilen Sie ihn und pflanzen ihn an anderer Stelle bzw. in frische Erde ein.

57. Minze pflanzen: Ich möchte Minzen nicht in den Kräutergarten pflanzen, damit sie nicht alles überwuchern. Wo passen sie noch hin?

Minzen sind nicht nur aus kulinarischer und gesundheitlicher Sicht ein Muss im Garten, sondern auch vielseitig verwendbar. Unter den vielen Arten und Sorten gibt es attraktive Vertreter mit unterschiedlichen Blattfärbungen, Formen und Düften. Haben Sie ein Stück Blumenwiese im Garten? Dann setzen Sie doch ein paar Minzestöcke hinein. Hier dürfen sie wuchern und werden zwischendurch mit der Wiese abgemäht. Auch zum Begrünen von Baumscheiben können Sie Minzen wunderbar verwenden. Ihr starker Ausbreitungsdrang hält nämlich auch der Konkurrenz von Baumwurzeln stand. Pflanzen Sie verschiedene Arten und Sorten entlang eines Weges oder arrangieren Sie sie in einem großen Holztrog oder Terrassenbeet. Oder wie wäre es mit einem duftenden Minzepfad? Wenn Sie ein Liebhaber dieser Pflanzengattung sind, können Sie hier ja geradezu schwelgen. Im Übrigen lässt sich ihr Hang, alles zu überwuchern, durch den Einbau einer Wurzelsperre wirkungsvoll eindämmen (→ Info). Einige Gärtnereien sind auf Minzen spezialisiert und bieten in ihren Katalogen und im Internet ein reiches Sortiment an.

INFO

Wurzelsperre für wuchernde Kräuter
Um den starken Ausbreitungsdrang von z. B. Minzen oder Zitronen-Melisse einzudämmen, bauen Sie am besten schon bei der Pflanzung eine Wurzelsperre ein. Dazu heben Sie ein großzügiges Pflanzloch aus und kleiden die Wände mit einer speziellen durchwurzelungsfesten Gummimatte, einem Streifen dicker Teichfolie (beides aus dem Gartenfachhandel) oder starker Dachpappe aus. Der Boden muss auf jeden Fall frei bleiben, damit die Wurzeln nach unten können.

58. Mischkultur: **Werden Radieschen wirklich schmackhafter, wenn daneben Kresse wächst?**

Ja. Verschiedene Kräuter beeinflussen sich nämlich gegenseitig sehr positiv. Diese Tatsache macht man sich schon lange bei der Mischkultur zunutze (→ Frage 91). In der richtigen Kombination fördern sich die Arten aber nicht nur gegenseitig im Wachstum und halten sich lästige Krankheitserreger und Schädlinge vom Leib. Sie beeinflussen sich tatsächlich auch im Geschmack. Probieren Sie es einfach aus und pflanzen Sie etwa Kresse zu Radieschen, Kümmel zu Kartoffeln, Bohnen zu Bohnenkraut oder Dill zu Gurken. Sie werden vom Ergebnis begeistert sein! Zudem haben Sie auch gleich das passende Gewürz zur Hand.

59. Pflanzgranulat: **Lassen sich Kräuter auch statt in Erdsubstrat in Pflanzgranulat ziehen?**

Prinzipiell ja. Granulate erfreuen sich in der Zimmerkultur schon länger wachsender Beliebtheit, vor allem solche aus Ton. Sie werden häufig in Kombination mit Erdsubstraten verwendet, was bedeutet, dass man eine Pflanze mitsamt der am Wurzelballen befindlichen Erde in ein Gefäß gibt und mit Tonkügelchen auffüllt. Das Granulat saugt Wasser, das mit einem speziellen Langzeitdünger versetzt wird, auf und gibt es langsam an die Wurzeln ab. So kann die Pflanze immer so viel Wasser aufnehmen, wie sie gerade braucht. Dadurch verringert sich die Gefahr des Übergießens – ein Vorteil für alle, die mit dem richtigen Gießen auf Kriegsfuß stehen. Ein Wasserstandsanzeiger, der in den Wurzelballen gesteckt wird, zeigt an, wann wieder Wasser nachgefüllt werden muss. Auch die Düngermenge lässt sich gut regulieren. Granulate haben weiterhin den Vorteil, dass sie nicht verrotten und zusammenbacken können, was gut für die Sauerstoffversorgung der Wurzeln ist. Allerdings eignet sich diese Art der Kultur ausschließlich für das Zimmer.

60. Pflanzplatz wechseln: **Darf ich Kräuter über Jahre immer wieder am selben Platz ziehen?**

Entsprechend ihres Nährstoffbedarfs teilt man die Pflanzen in Stark-, Mittel- und Schwachzehrer ein. Viele Gewürzkräuter zählen zu den Schwachzehrern (→ Frage 43). Um die Nährstoffe im Boden optimal auszunutzen und den Düngeaufwand zu reduzieren, macht man sich die Prinzipien der Fruchtfolge und des Fruchtwechsels zunutze. Bei der **Fruchtfolge** werden in jährlichem Wechsel Kräuter und Gemüse mit unterschiedlichem Bedarf angebaut. Auf das vorbereitete, gedüngte Beet kommen zuerst die Starkzehrer, im nächsten Jahr die Mittelzehrer und darauf die Schwachzehrer. Dann wird wieder frisch gedüngt, und der Zyklus beginnt von vorn. Beim **Fruchtwechsel** werden außerdem noch Vertreter aus unterschiedlichen Pflanzenfamilien angebaut. Durch eine Kombination dieser Kulturverfahren schlagen Sie mehrere Fliegen mit einer Klappe. Neben der optimalen Nährstoffausnutzung beugen Sie so auch einer Ermüdung des Bodens vor. Außerdem halten sich viele Bodenschädlinge, allen voran Nematoden, Pilze und Bakterien, in Grenzen: Da sie in der Regel auf bestimmte Pflanzengruppen spezialisiert sind, können sie sich bei einer einseitigen Nutzung ungebremst verbreiten. Weiterhin sind manche Arten und auch Familien mit sich selbst unverträglich. Ihre Wurzeln scheiden nämlich Stoffe aus, die Vertreter derselben Art oder Familie am Wachstum hindern.

61. Pflanzzeit: **Wann ist im Garten die beste Pflanzzeit für Kräuter?**

Wenn sich der Boden ausreichend erwärmt hat, das ist in der Regel Mitte bis Ende April, können Sie alle nicht zu empfindlichen Arten setzen. Bei wärmebedürftigen Gewächsen, wie Basilikum oder Kapuzinerkresse, warten Sie besser die Eisheiligen Mitte Mai ab.

PFLANZENFAMILIEN DER KRÄUTER

FAMILIE	ARTEN
Lauchgewächse *Alliaceae*	Knob-Lauch (*Allium sativum*) Schnitt-Lauch (*Allium schoenoprasum*) Bär-Lauch (*Allium ursinum*)
Doldenblütler *Apiaceae*	Dill (*Anethum graveolens*) Kerbel (*Anthriscus cerefolium*) Kümmel (*Carum carvi*) Koriander (*Coriandrum sativum*) Fenchel (*Foeniculum vulgare*) Liebstöckel (*Levisticum officinale*) Petersilie (*Petroselinum crispum*) Anis (*Pimpinella anisum*)
Korbblütler *Asteraceae*	Schafgarbe (*Achillea millefolium*) Arnika (*Arnica*-Arten) Estragon (*Artemisia dracunculus*) Beifuß (*Artemisia vulgaris*) Gänseblümchen (*Bellis perennis*) Ringelblume (*Calendula officinalis*) Echte Kamille (*Matricaria recutita*) Gewürz-Tagetes (*Tagetes lucida*) Löwenzahn (*Taraxacum* sect. *Ruderale*)
Kreuzblütler *Brassicaceae*	Meerrettich (*Armoracia rusticana*) Schwarzer Senf (*Brassica nigra*) Löffelkraut (*Cochlearia officinalis*) Rucola (*Eruca sativa*) Garten-Kresse (*Lepidium sativum*) Weißer Senf (*Sinapis*-Arten)
Lippenblütler *Lamiaceae*	Ysop (*Hyssopus officinalis*) Lavendel (*Lavandula angustifolia*) Zitronen-Melisse (*Melissa officinalis*) Minze (*Mentha*-Arten) Basilikum (*Ocimum basilicum*) Majoran (*Origanum majorana*) Oregano (*Origanum vulgare*) Rosmarin (*Rosmarinus officinalis*) Salbei (*Salvia*-Arten) Bohnenkraut (*Satureja*-Arten) Thymian (*Thymus*-Arten)
Rosengewächse *Rosaceae*	Frauenmantel (*Alchemilla xanthochlora*) Mädesüß (*Filipendula ulmaria*) Pimpinelle (*Sanguisorba minor*)

62. pH-Wert des Bodens: Welcher Säuregrad des Bodens ist für Kräuter ideal?

Den Säuregehalt einer Lösung, also auch einer Bodenlösung, drückt man durch den pH-Wert aus. Die Bewertungsskala reicht von 0–14, wobei der Bereich von 0–7 als sauer, der von 7–14 als basisch oder alkalisch bezeichnet wird. 7 ist neutral. Den Säuregrad können Sie selbst bestimmen. Im Fachhandel gibt es dafür spezielle Testsets, etwa Teststreifen oder -stäbchen, die man in etwas angefeuchtete Erde steckt. Sie enthalten chemische Substanzen, die eine Farbreaktion bewirken. Anhand einer Vergleichstabelle lässt sich dann der pH-Wert ablesen. Die meisten Kräuter kommen mit einem pH-Wert zwischen 6 und 7 am besten zurecht, d. h., der Boden sollte leicht sauer und zudem etwas kalkhaltig sein. Ist Ihre Erde zu sauer, geben Sie einfach ein wenig Algenkalk oder kohlensauren Kalk dazu. Ist sie zu basisch, können Sie ihn mit verschiedenen Beimischungen, z. B. Kaffeesatz, Rhododendronerde oder Koniferennadeln absenken.

63. Raues Klima: Unser Garten liegt in einer rauen Lage, wo oft kalte Winde wehen. Kräuter gedeihen dort nur mäßig. Wie können wir die Situation für den Kräuteranbau verbessern?

Da gibt es verschiedene Möglichkeiten. Gut geeignet sind etwa Hecken oder dicht berankte Zäune, die hervorragenden Schutz vor kalten und vor allem aus-

Eine Trockenmauer ist eine Mauer, die ohne Mörtel zwischen den einzelnen Steinen, also trocken errichtet wird.

trocknenden Winden bieten. Natürlich sollten Sie
darauf achten, dass dadurch den Kräutern nicht das
Sonnenlicht genommen wird. Steine (→ Frage 67)
sind ebenfalls ein sehr probates Mittel, um das Kleinklima zu verbessern. Sie nehmen nämlich die Wärme
auf, speichern diese und geben sie langsam wieder ab.
Sie können z. B. das Kräuterbeet mit Steinen ein-
rahmen oder eine Trockenmauer errichten, in deren
Schutz – möglichst im Süden – auch die Sonnen-
anbeter unter den Kräutern, wie Rosmarin, Salbei,
Thymian oder Lavendel, ideale Bedingungen finden.

64. **Rückschnitt frostempfindlicher Kräuter:**
Wann kürze ich Ananas-Salbei, Zitronen-
Verbene und andere verholzende Kräuter ein?

Im Haus überwinterte Kräuter bringt man am besten
im Frühjahr in Form. Schneiden Sie bei Arten wie
Zitronen-Verbene, Salbei, Duft-Pelargonie oder Balsamstrauch die Triebe um ein Drittel bis um die Hälfte zurück. Das regt den Neuaustrieb an, und die Pflanzen werden schön buschig. Auch polstrige Kleinsträu-
cher, etwa Thymian oder Berg-Bohnenkraut, werden
um ca. ein Drittel gekürzt, damit sie kompakt bleiben.
Kräuter wie verschiedene Minzearten, Indianernessel
oder Zitronen-Melisse werden dagegen bodennah
abgeschnitten. Sie treiben dann wieder willig durch.

65. **Rückschnitt mediterraner Kräuter:** **Wann**
schneide ich im Frühjahr Rosmarin, Lavendel
und Heiligenkraut zurück?

Einige Sträucher und Halbsträucher unter den Kräutern, wie eben Rosmarin, Lavendel und Heiligenkraut,
nimmt man erst nach den Eisheiligen zurück. Ein
früherer Rückschnitt ist vor allem in klimatisch
ungünstigeren Gegenden nicht empfehlenswert, da
Spätfröste die tiefer liegenden Knospen sonst leicht

schädigen könnten. Außerdem dürfen diese Arten nicht bis ins alte Holz geschnitten werden. Man kürzt sie behutsam ein, um die Verzweigung anzuregen. Bei Lavendel nehmen Sie im Frühjahr nur verwelkte Blüten heraus. Erst im Sommer, während der Ernte der Blüten bzw. nach dem Abblühen, sollten Sie alle Triebe kräftig stutzen (→ Abb. 1). So bleibt der Lavendel kompakt und wächst schön dichtbuschig.

LAVENDEL
Nach der Blüte um etwa ein Drittel kürzen, damit er kompakt bleibt.

ZITRONEN-MELISSE
Das Kraut kürzt man über dem Boden ein, dann treibt es noch mal durch.

SCHNITT-LAUCH
Häufig ernten, so bleibt er zart. Knospen und Verblühtes herausschneiden.

KRÄUTERHECKEN
Currystrauch & Co. bleiben durch regelmäßigen Schnitt in Form.

66. Schnitt-Lauch schneiden: Stimmt es, dass man beim Schnitt-Lauch immer gleich die Blüten wegschneiden soll?

Ja: Schnitt-Lauch zählt zu den Pflanzen, die während der Blüte viel Aroma verlieren. Die Ursache liegt darin, dass in den Zellen ein Ab- und Umbau verschiedener Inhaltsstoffe erfolgt, weil die Pflanze einen großen Teil der Energie jetzt in die Fortpflanzung, sprich die Erhaltung ihrer Art, steckt. Zudem werden die Röhren derb, hart und zäh. Entfernen Sie deshalb sämtliche Blütenknospen schon frühzeitig, noch vor dem Aufblühen (→ Abb. 3). Bei Basilikum, Zitronen-Melisse und Pfeffer-Minze ist es übrigens ähnlich: Auch hier sollten Sie die Blütenansätze wegschneiden.

67. Steine: Warum ist es günstig, Kräuter vor oder zwischen Steinen zu pflanzen?

Kräuter aus den Mittelmeerländern und anderen wärmeren Gefilden frösteln in unserem Klima leicht. Um ihnen ein wenig Heimatgefühle zu vermitteln und damit zu üppigem Wuchs zu verhelfen, können Sie die Speicherkapazität von Steinen nutzen. Die verschiedenen Gesteine heizen sich im Sonnenlicht auf, je nach Art unterschiedlich stark. Sie speichern die Wärme und geben sie langsam wieder ab. Gerade in der Nacht kommt dies sonnenverwöhnten und wärmebedürftigen Arten sehr zugute. Trockenmauern, Terrassenböschungen oder Südwände sind ideal, um diesen Gewächsen adäquate Bedingungen zu liefern. Auch wenn Sie nichts dergleichen haben, müssen Sie nicht auf Rosmarin und Co. verzichten. Verteilen Sie große Steine und Felsbrocken im Kräuterbeet und pflanzen Sie die Kräuter davor und dazwischen. Sie verbessern damit nicht nur das Kleinklima: Die Pflanzen fühlen sich im Schutz der Steine ausgesprochen wohl und danken es Ihnen mit üppigem, gesundem Wuchs und besonders kräftigem Aroma.

68. Substrat: Kann ich für meine Kräuter in Töpfen, Schalen und Kübeln eine gewöhnliche Pflanzerde verwenden, oder ist ein spezielles Substrat sinnvoller?

Normale Blumenerde können Sie für hungrige Pflanzen wie Minze, Petersilie oder Schnitt-Lauch verwenden. Vielen anderen Kräutern ist solch ein Substrat zu fett. Magern Sie es deshalb mit Sand im Verhältnis 2:1 ab (→ Extratipp Seite 52). Für die Kräuter des Mittelmeerraums, die in ihrer Heimat auf mageren, steinigen Plätzen wachsen, können Sie außerdem noch eine Handvoll Lavagrus oder feinen Splitt einmischen. Im Fachhandel gibt es auch fertige, hochwertige Kräutererde, die locker, durchlässig und möglichst torffrei sein sollte. Diese Spezialerden sind nur mild aufgedüngt und eignen sich deshalb gut für die meisten Kräuterarten. Natürlich können Sie Ihre Kräutererde auch selbst herstellen. Mischen Sie dazu jeweils ein Drittel Sand, Gartenerde und reifen Kompost sorgfältig durch. Geben Sie die Erde vorher durch ein Sieb, um eventuell vorhandene Unkrautsamen zu entfernen. Die Mischung wird noch sterilisiert, um sie keimfrei zu machen. Dazu geben Sie die leicht feuchte Erde in einen Bratschlauch und dämpfen sie etwa 30 Minuten im Backofen bei 150 °C.

69. Substrat aus Kokosfasern: Im Handel gibt es ein Substrat aus Kokosfasern in Form von Briketts. Ist es für Kräuter geeignet?

Kokosfasern werden immer häufiger anstelle von Torf verwendet. Ihre Eigenschaften sind ganz ähnlich denen des Torfs, nur werden für die Gewinnung keine wertvollen Biotope zerstört. Zudem sollen Kokosfasern mehr Feuchtigkeit aufnehmen können als Torf, jedoch genauso schnell wieder abtrocknen. Weichen Sie die Briketts in Wasser ein. Sie saugen sich voll und zerfallen grobfaserig. Zerpflücken Sie grobe Teile noch

etwas und mischen Sie
die Fasern mit torf-
freier Erde. Je nach
Kräuterart können Sie
außerdem noch etwas
Sand beigeben.

**70. Temperatur
für Basilikum:**
**Wo liegt die
Mindesttempe-
ratur, bei der
es für das
Wärme lieben-
de Basilikum
kritisch wird?**

Basilikum (*Ocimum
basilicum*) verträgt
zwar kurzzeitig auch
mal Temperaturen unter 10 °C, langfristig sollten sie
aber deutlich darüber liegen. Zum Keimen benötigt
das Kraut noch mehr Wärme. Mindestens 20 °C und
ein schützendes Anzuchthaus sind nötig, damit die
Samen zum Leben erweckt werden. Erst wenn die
Nachttemperatur dauerhaft über 13 °C liegt, können
Sie Basilikum unbesorgt ins Freie stellen. Vor allem
empfindliche Arten und Sorten, z. B. das großblättrige
Genoveser, das hocharomatische Griechische Strauch-
Basilikum (*O. spec.*) sowie das Ostindische Baum-
oder Nelken-Basilikum (*O. gratissimum*) mit roten
Stängeln, nehmen Kälte schnell übel. Es gibt aber
auch robustere Vertreter, die in Bezug auf die Tempe-
ratur nicht ganz so heikel sind, etwa das Mexikanische
Gewürz- oder Zimt-Basilikum (*O. basilicum*) mit
roten Stängeln, das Wilde Basilikum (*O. canum*) mit
rosa Blüten oder das Kleine Basilikum bzw. Tulsi
(*O. tenuiflorum*), das in fernöstlichen Kulturen bei
Zeremonien eine große Rolle spielt.

71. Topfkräuter: **Muss ich die Kunststofffolie, in welche die Kräuter aus dem Gemüseladen eingepackt sind, belassen oder besser entfernen?**

Wenn Sie die Kräuter sicher nach Hause gebracht haben, entfernen Sie die Folie und stellen den Topf in einen Übertopf. Die Folie dient in erster Linie als Schutz vor Transportschäden und sorgt für ein wärmeres Kleinklima, bis die Pflanze ihren endgültigen Platz erreicht hat. Außerdem hält sie die Triebe zusammen, die sonst gerne auseinanderfallen. Dagegen steckt man bei Bedarf Holzstäbchen in den Topf, z. B. Schaschlikspieße, und bindet locker Bast darum. Im Übrigen sind solche Kräutertöpfe für die rasche Ernte gedacht: Sie erschöpfen sich meist sehr schnell.

72. Topfkultur: **Wie kann ich verhindern, dass beim Gießen Erde durch das Loch im Topfboden weggeschwemmt wird?**

Beim Eintopfen ist es wichtig, das Abzugsloch locker abzudecken. Es sollte nicht völlig verschlossen sein, sonst kann überschüssiges Gießwasser nicht mehr ablaufen, und es entsteht Staunässe, was zum Faulen und Absterben der Wurzeln führen kann. Eine Tonscherbe ist gut geeignet, ein passender Kieselstein oder ein Stück eines zerschnittenen Plastiktopfes. Achten Sie darauf, dass die gewölbte Seite oben ist. Inzwischen gibt es Kunststofftöpfe, die Schlitze anstelle von Löchern haben. Hier erübrigt sich das Abdecken.

Granulat aus Blähton eignet sich hervorragend als Dränage im Pflanzgefäß, denn es speichert das Wasser.

Bei langlebigen Kräutern empfiehlt sich eine Dränageschicht aus Blähton oder Kies, über die man noch
ein Vlies legt. So kann garantiert nichts herausfallen.

73. **Triebe zu lang:** **Auf unserer Fensterbank bekommt die Zitronen-Melisse unnatürlich lange
Triebe, und ihre Blätter wirken fahl. Woran
kann das liegen?**

In der Gärtnerei werden die Pflanzen unter optimalen
Bedingungen, meist mit Kunstlicht gezogen. So gedeihen sie rasch und wachsen schön buschig und
gleichmäßig. Kommen die Pflanzen nun ins Haus, ist
das für viele Arten erst einmal ein Schock. Vor allem
die ungünstigeren Lichtverhältnisse machen licht-
hungrigen Pflanzen – dazu zählt Zitronen-Melisse –
zu schaffen. Hinter der Glasscheibe ist der Lichtge-
nuss viel geringer als draußen, sogar an einem sonnigen Platz. Je weiter die Pflanze vom Fenster weg ist,
desto dunkler ist es für sie. In zwei Metern Entfer-
nung beträgt die Lichtmenge nur noch ein Viertel
ihrer ursprünglichen Intensität – für viele Arten zu
dunkel zum Wachsen. Sie reagieren mit vergilbenden
Blättern und kümmerndem Wuchs, das Aroma lässt
zu wünschen übrig. Manche bekommen auch sehr
lange, dünne und fahle Triebe, sie vergeilen. Sorgen
Sie also für einen möglichst hellen Platz am Fenster.

74. **Überwintern:** **Ich habe nicht genügend Platz,
um Salbei und Zitronen-Verbene im Haus zu
überwintern. Gibt es eine Möglichkeit, die
Kräuter dennoch zu erhalten?**

Ganz einfach: Ziehen Sie Stecklinge. Schneiden Sie
von ganz oder teilweise verholzenden Arten im Frühherbst Kopfstecklinge oder Teilstecklinge (→ Frage
143). Überwintern Sie sie auf der Fensterbank, bevor
die Pflänzchen im Frühjahr nach draußen kommen.

75. Überwintern: Soll ich meinen Rosmarin besser im Haus überwintern, oder kann er einfach draußen bleiben?

Pflanzen aus südlichen Gefilden, wie Rosmarin, Salbei, Lavendel, Oregano, Lorbeer, Zitronen-Verbene, ausdauernde Basilikumarten oder Currystrauch kommen ungeschützt kaum über den Winter. Nach Möglichkeit bringt man sie in einen hellen und kühlen, aber frostfreien Raum. Ideal ist ein ungeheizter Wintergarten mit Temperaturen um 10 °C, aber ein helles, kühles Treppenhaus tut's auch. Selbst während der Winterruhe brauchen die Pflanzen Wasser. Kontrollieren Sie deshalb immer wieder, ob noch ausreichend Feuchtigkeit vorhanden ist (→ Frage 49). Bei Bedarf wird gerade so viel gegossen, dass das Substrat nicht austrocknet. Kontrollieren Sie dabei auf Krankheiten und Schädlinge. Es schadet auch nicht, das Quartier gelegentlich zu lüften. Aber Vorsicht vor kalter Zugluft! Müssen Sie die Töpfe im Freien überwintern, packen Sie sie dick mit Noppenfolie oder Jute ein und stellen sie windgeschützt nahe der Hauswand auf. Legen Sie ein Brett oder Styropor darunter: Das isoliert zusätzlich und verhindert, dass die Pflanzen kalte Füße bekommen. In sehr strengen Wintern schützt man die Pflanzen außerdem mit Vlies, Reisig oder Strohmatten. Kleinere Töpfe stellen Sie am besten in einer großen Kiste zusammen und

INFO

Schwierig: Kahlfrost
Als Kahlfrost oder Barfrost bezeichnet man Frost, der direkt auf Boden und Pflanzen wirkt. Er tritt auf, wenn keine schützende Schneedecke oder eine entsprechende Winterabdeckung verhindert, dass die Kälte unmittelbar auf Boden und Pflanze trifft. Kahlfröste können Pflanzen ganz schön zusetzen. Sogar Arten, die aus extremen Klimagebieten stammen, sind davon betroffen.

füllen die Zwischenräume mit Laub, Stroh oder Holzwolle aus. Sind die Kräuter ausgepflanzt, schüttet man den Wurzelbereich im Spätherbst mit einer dicken Schicht trockenen Laubes an. Zusätzlich stecken Sie rundherum Reisig oder Tannenzweige. Egal, wie Sie Ihre Kräuter draußen überwintern: Entfernen Sie im Frühjahr rechtzeitig den Winterschutz, damit sie Licht und Luft bekommen. Sonst beginnen sie unter der wärmenden Hülle schon mit dem Austrieb, der aber mangels Licht bleich ist und oft vergeilt (→ Frage 73).

76. Umpflanzen: Ich habe Dill und Kümmel in Töpfen vorgezogen und dann ins Beet umgesetzt. Die Pflanzen sind aber nach wenigen Tagen eingegangen. Woran liegt das?

Nicht alle Kräuterarten möchten im Haus vorgezogen werden. Manche muss man an Ort und Stelle aussäen, sonst wachsen sie nicht richtig oder gehen ein, wie eben Dill und Kümmel (→ Frage 118). Sie gehören zu den Tiefwurzlern, die oft empfindlich reagieren, wenn man sie im Jugendstadium aus der Erde zieht.

77. Verwelkte Blütenköpfe: Mein Heiligenkraut hat schön geblüht, die gelben Köpfe sind aber nun braun geworden. Muss ich sie entfernen?

Heiligenkraut (*Santolina chamaecyparissus*) braucht immer wieder mal eine helfende Hand, damit es schön buschig wächst und reich blüht. Dazu gehört auch das Entfernen der abgeblühten Köpfchen, denn so bilden sich neue Knospen, und die Blütezeit wird verlängert. Das gilt übrigens auch für andere Blütenkräuter wie Ringelblume (*Calendula officinalis*) oder Gewürz-Tagetes (*Tagetes tenuifolia*). Um ein Auseinanderfallen des Kleinstrauches zu verhindern, schneiden Sie die Triebe nach der Blüte um ein Drittel zurück. So bleibt Heiligenkraut kompakt und verzweigt sich reich. Hat die Pflanze im Haus überwintert, kürzen Sie sie auch im Frühjahr ein. Wenn Sie das Gewächs als Beeteinfassung verwenden, müssen Sie die Pflanze ohnehin immer wieder in Form schneiden, damit sie eine gute Figur macht.

78. **Wurzeln im Topf:** **Beim Austopfen bemerke ich, dass die Wurzeln in Schlingen am Topfboden entlang gewachsen sind. Was mache ich?**

Wenn eine Pflanze lange Zeit in einem zu kleinen Topf stand, kommt es zu dem von Ihnen beobachteten, unnormalen Wurzelwachstum. Dabei wachsen die Wurzeln im Kreis herum, weil sie sich ja anderweitig nicht ausdehnen können. In anderen Fällen bildet sich ein dichter Wurzelfilz, der sich gegen die Topfwand presst. Beim Umtopfen zupfen Sie die Wurzeln vorsichtig auseinander und schneiden überlange und weit aus dem Ballen ragende Teile ab. Selbstverständlich werden dabei auch alle modrigen, matschigen und kranken Wurzeln sowie alte Erde entfernt.

79. **Zeigerpflanzen:** **Pflanzen siedeln sich von selbst nur dort an, wo sie gute Bedingungen zum Leben vorfinden. Kann ich auf bestimmte Bodenverhältnisse schließen, wenn sich Vogelmiere auf meinen Beeten breitmacht?**

Zeigerpflanzen werden auch als Indikatorpflanzen oder Bodenanzeiger bezeichnet, und das sagt eigentlich schon vieles über ihre Funktion aus. Es handelt sich um Arten, die ganz bestimmte Bedingungen zum Wachsen bevorzugen und hierbei auch nur sehr geringe Schwankungen tolerieren, deshalb kommen sie nur dort vor, wo der Standort genau passt. Ihr Auftreten lässt deshalb Rückschlüsse vor allem hinsichtlich der Bodenqualität zu. Vogelmiere etwa ist ein Zeiger für sandige, alkalische Böden.

DIE WICHTIGSTEN ZEIGERPFLANZEN

HUNDSKAMILLE (*Anthemis arvensis*)
Vorkommen: liebt saure, stickstoffhaltige Böden;
Äcker und Wegränder
Weitere Arten: Kleiner Sauerampfer, Hederich

WILDE MÖHRE (*Daucus carota* ssp. *carota*)
Vorkommen: auf nährstoffarmen, lockeren, sandig-
steinigen Böden; Wiesen, Wegraine, Schuttplätze
Weitere Arten: Huflattich, Quendel

ACKER-SCHACHTELHALM (*Equisetum arvense*)
Vorkommen: auf schweren, feuchten, auch stau-
nassen Böden; Äcker, Wiesenränder, Brachland
Weitere Arten: Kriechender Hahnenfuß, Löffelkraut

BREIT-WEGERICH (*Plantago major*)
Vorkommen: auf schweren, auch verdichteten,
lehmigen Böden; Wege, Wiesen, Schuttplätze
Weitere Arten: Echte Kamille, Beinwell

SAUERAMPFER (*Rumex acetosa*)
Vorkommen: liebt nährstoffreiche, lehmige, feuch-
te Böden; Wiesen, Weiden
Weitere Arten: Sumpfkresse, Kuckucks-Lichtnelke

VOGELMIERE (*Stellaria media*)
Vorkommen: braucht stickstoffreiche Böden;
Schuttplätze, Gärten, Äcker
Weitere Arten: Brennnessel, Barbarakraut

EFEU-EHRENPREIS (*Veronica hederifolia*)
Vorkommen: auf lockeren, lehmigen Böden; Gärten,
Äcker, Wege, Schuttplätze, Kahlschläge in Wäldern
Weitere Arten: Scharfes Berufkraut

Rund um den Pflanzen- schutz

Dank ihrer speziellen Inhaltstoffe bleiben Kräuter bei richtigem Standort, guter Pflege und vor- beugenden Maßnahmen meist von selbst gesund. Macht sich trotzdem ein Befall bemerkbar, helfen unsere Bekämpfungs-Tipps.

80. Algenkalk: Mein Nachbar stäubt seine Kräuter mit Algenkalk ein. Welchen Sinn hat das?

Algenkalk wird aus einigen Algenarten gewonnen. Er enthält Kalk, Magnesium sowie Spurenelemente und wird daher gerne als Stärkungsmittel eingesetzt. Über die Blätter gestäubt, beugt Algenkalk Pilzkrankheiten vor und hält Blattläuse fern. Auch zur Bodenverbesserung leistet er gute Dienste durch die Regulierung des Säuregehalts. Das ist wichtig für Arten, die kalkhaltigen Boden benötigen, wie Salbei, Oregano, Rosmarin, Thymian, Lavendel, Borretsch, Dill oder Schnitt-Lauch.

81. Ameisen: Bei unserer Terrasse haben Ameisen sogar schon den Bodenbelag unterhöhlt. Womit kann ich sie vertreiben?

Ameisen sind wichtig für das Ökosystem, da sie bei der Kompostierung und Humusbildung mithelfen und Schädlinge dezimieren. Treten sie in Massen auf, sollten Sie ihnen jedoch Einhalt gebieten. Ameisen pflegen zudem gerne Blattlauskolonien, die sie gegen Feinde verteidigen. Zur Bekämpfung haben sich Spritzbrühen aus stark riechenden Substanzen, etwa Rainfarn (*Tanacetum vulgare*) oder Wermut (*Artemisia absinthium*), bewährt, die man auf die Straßen und in die Nester gießt. Auch Thymian-, Majoran- und Lavendeltees eignen sich, ebenso Thymianöl sowie, bei trockenem Wetter, Backpulver. Im Handel gibt es Köderdosen, Granulate oder Sprays, Letztere auch mit Verlängerungsschlauch für schwer erreichbare Stellen.

82. Blätter durchlöchert: Bei Meerrettich und Rucola sind die Blätter durchlöchert. Warum?

Erdflöhe treiben bei Kreuzblütlern, zu denen Meerrettich und Rucola gehören, gerne ihr Unwesen. Ihr Name ist irreführend: Die ca. 2 mm langen, dunklen, manchmal gelb gestreiften Tiere gehören zu den Blattkäfern, auch wenn sie gut springen können. Vor allem zarte Keimblätter und junges Laub fallen ihnen zum Opfer. Da Erdflöhe trockene Wärme lieben, beugt man einem Befall vor, indem man den Boden stets feucht und locker hält oder eine Mulchschicht ausbringt. Auch Algenkalk oder Gesteinsmehl auf den Blättern hat sich bewährt; ebenso Mischkultur mit Salat und Spinat. Bei Befall hilft starke Wermut- oder Rainfarnbrühe, die man zweimal wöchentlich spritzt.

83. Blattläuse bekämpfen: Was hilft gegen Blattläuse an meinen Kräutern?

Nach milden Wintern und bei schönem Frühlingswetter können Blattläuse in Massen auftreten. Lassen Sie es nicht so weit kommen (→ Abb. 1–4 Seite 82)! Es gibt viele Arten; manche sind auf eine Wirtspflanze spezialisiert. Die Saugtätigkeit führt zu Kümmerwuchs und Verkrümmungen; zudem können Krankheitserreger wie Viren übertragen werden. Auf ihren Ausscheidungen, dem Honigtau, siedeln sich gerne Schwärzepilze an, die die Pflanze zwar nicht direkt schädigen, aber die Photosynthese beeinträchtigen. Einzelne Läuse kann man abstreifen. Bei starkem

Befall hilft ein scharfer Wasserstrahl. Völlig verlauste Pflanzen schneidet man zurück oder wirft sie weg. Vorbeugend und zur Bekämpfung empfiehlt sich eine wöchentliche Spritzung mit einer Lösung aus Lavendel- und / oder Teebaumöl (ca. 10 Tropfen Öl auf 1 l Wasser) bzw. Wermut-, Brennnessel- oder Rainfarnbrühe. Fördern Sie Nützlinge wie Marienkäfer, deren Larven Blattläuse vertilgen (→ Frage 97).

LÄUSE ENTFERNEN
Wenn die Triebe sehr verlaust sind, nehmen Sie sie bodennah heraus.

1

„KALTE DUSCHE"
Eine kräftige Dusche od< das Abspritzen mit scha< fem Wasserstrahl hilft.

2

3

STARK MACHEN
Wöchentlich gespritzte Pflanzenzubereitungen verhindern den Befall.

4

APPETIT VERDERBEN
Über die Blätter gestäub< ter Algenkalk hält Blattläuse ebenfalls fern.

84. Bodenkur: Tagetes werden zur Bodenkur empfohlen. Wie wirken sie?

Im Boden leben Nematoden, auch Fadenwürmer oder Älchen genannt. Darunter gibt es nützliche Arten, die bei der Schädlingsbekämpfung helfen. Andere befallen Blätter, Stängel oder Wurzeln und führen zu Verkrüppelungen, Kümmerwuchs oder Blattflecken. Sind nur oberirdische Teile betroffen, werfen Sie am besten die Pflanzen weg. Bei Wurzelälchen müssen Sie jedoch den Boden behandeln, z. B. durch eine Zwischenkultur mit kleinblütigen Tagetes (*Tagetes tenuifolia*). Ihre Wurzeln scheiden eine Substanz aus, die die Nematoden zum Schlüpfen anregt. Sie bietet aber nicht genügend Nahrung; daher gehen die Würmer ein.

85. Braune Blattspitzen: Der Zimmer-Knoblauch hat braune Blattspitzen. Woran liegt das?

Braune Blattspitzen sind in der Regel ein Zeichen für zu geringe Luftfeuchtigkeit. Vor allem im Winter leiden Pflanzen häufig unter trockener Heizungsluft und sollten deshalb häufig mit Wasser besprüht werden. Verdunsterschalen, zwischen den Pflanzen aufgestellt, erhöhen ebenfalls die Luftfeuchtigkeit.

86. Braunrote Blattflecken: Meine Minze bekommt braunrote Flecken auf den Blättern. Was kann ich dagegen tun?

Bei diesen rostartigen Flecken handelt es sich um den Minzerost, eine Pilzkrankheit. Stehen Minzen zu dicht, breitet sich der Erreger rasch aus. Spritzen Sie vorbeugend einen Knoblauchsud. Dazu zerkleinerten Knob-Lauch mit heißem Wasser übergießen und ziehen lassen. Nach dem Erkalten abseihen und die Pflanzen einmal wöchentlich einnebeln. Bereits befallene Gewächse schneidet man bodennah zurück.

87. **Brühe:** Ich hörte, dass Wermutbrühe gegen Blattläuse hilft. Wie stelle ich sie her?

Sie können die Brühe aus frischem oder aus getrocknetem Material herstellen. Für 5 l benötigen Sie ca. 500 g frisches Kraut, am besten die blühenden Triebspitzen, die Sie mit einem Messer, Wiegemesser oder einer Gartenschere grob zerkleinern. Dann überbrühen Sie das Schnittgut in einem ausreichend großen Gefäß mit kochendem Wasser und lassen das Ganze ziehen. Von Trockenware nehmen Sie etwa 3 Esslöffel, das entspricht ca. 50 g. Nach dem Erkalten wird abgeseiht und unverdünnt damit gespritzt. Nach diesem Grundrezept werden auch die anderen Pflanzenbrühen zubereitet.

> **EXTRATIPP**
>
> **Schmierseifenbrühe** Diese Brühe eignet sich hervorragend, um saugende Schädlinge wie etwa Blattläuse zu vertreiben. Hierfür lösen Sie 30 g reine Schmierseife in 1 l Wasser auf. Fügen Sie noch einen Spritzer Brennspiritus hinzu, dann haftet das Mittel besser an der Pflanze, und spritzen oder waschen Sie die befallenen Triebe gründlich mit dieser Schmierseifen-Spiritus-Lösung ab.

88. **Erde riecht muffig:** Meine Duft-Pelargonie im Topf kümmert. Das Substrat riecht säuerlich und muffig. Was ist zu tun?

Vor allem wenn im Topf keine oder zu wenige Abzugslöcher vorhanden sind, führt allzu reichliches Gießen häufig zu Staunässe. Dies hat zur Folge, dass die Wurzeln nicht mehr genügend mit Sauerstoff versorgt werden können. Sie sterben ab und verfaulen, die Pflanze kümmert und welkt. Oft siedeln sich auf dem Substrat Moos oder Algen an, zu erkennen an einem grünen, schleimig-schmierigen Überzug. Topfen Sie die Pflanze aus, entfernen Sie die alte Erde und schneiden Sie kranke Wurzeln weg. Dann topfen Sie in frische Erde um. Wichtig ist, auf ausreichend Abzugslöcher zu achten und weniger zu gießen.

89. Farbe verschwindet: Mein buntblättriger Salbei verliert allmählich seine schöne Farbe, das Laub vergrünt. Ist der Salbei krank?

Nein, Ihr Salbei ist nicht krank. Die Buntblättrigkeit oder Panaschierung ist meist durch Züchtung entstanden und gilt als besonders attraktiv. Solche zwei- oder mehrfarbigen Sorten gibt es bei zahlreichen Kulturpflanzen. Durch einen ungünstigen Standort oder auch durch Pflegefehler kann dieses Merkmal allerdings verloren gehen, da in den vorher helleren oder bunten Bereichen mehr Blattgrün gebildet wird. Sorgen Sie für einen optimalen Platz, dann bleibt in der Regel die andersfarbige Zeichnung erhalten.

90. Fraßschäden: Bei meinem Lorbeerbäumchen zeigen mehrere Blätter halbrunde Löcher an den Blatträndern. Ich kann jedoch kein Tier entdecken, das an den Blättern frisst. Was kann ich in diesem Fall tun?

Ihr Lorbeer wird vermutlich vom Dickmaulrüssler heimgesucht, einem glänzend schwarzen Käfer mit langem Rüssel. Sein Werk erkennt man an dem typischen Kerbfraß an den Blättern. Im Boden fressen die gelblich-weißlichen, länglichen Raupen an Wurzeln und am Wurzelhals. Die Tiere werden übrigens gerne mit frisch gekauften Pflanzen eingeschleppt. Gießen Sie am besten vorbeugend mit Rainfarn- oder Wermutbrühe. Wenn Sie den Kerbfraß bemerken, sammeln Sie abends die Käfer ab und vernichten Sie sie. Es gibt inzwischen im Handel auch räuberische Nematoden, welche die Larven befallen und töten.

91. Gute Nachbarn:
Kann ich durch geschickte Kombination von Kräutern erreichen, dass die Pflanzen besser gedeihen?

Schon seit langer Zeit ist bekannt, dass es Pflanzen gibt, die sich gegenseitig positiv beeinflussen. Wie im gesellschaftlichen Leben werden sie deshalb als „gute Nachbarn" bezeichnet. In der freien Natur besteht eine natürlich gewachsene Pflanzendecke aus vielen verschiedenen Arten, die eine harmonische Gemeinschaft bilden. Sie fördern und beschützen sich, indem sie etwa durch ihren Duft oder durch Inhaltsstoffe, die sie absondern, Schädlinge und Krankheiten abwehren. Zudem können die Erreger, die ja häufig auf eine bestimmte Pflanzenart spezialisiert sind, in solch einem Mischbestand bei Weitem nicht so einen Schaden anrichten wie etwa in Monokulturen, da sie ihre „Opfer" ja wesentlich mühsamer suchen müssen. Diese Tatsache macht man sich im Garten bei der Mischkultur zunutze und kombiniert eben Gemüse und Kräuter, die sich gegenseitig „grün" sind, um gesündere Pflanzen und einen besseren Ertrag zu erzielen. So verträgt sich beispielsweise Salbei hervorragend mit Rosmarin oder Fenchel, die Wein-Raute mit Ysop oder Koriander mit Anis. Knob-Lauch fördert etwa Gurken, Möhren, Rote Bete oder Tomaten, Zwiebeln sind gut für Erdbeeren, Salat, Fenchel sowie Kümmel, und Dill wirkt positiv auf Gurken, Möhren oder Blumenkohl.

> **INFO**
>
> **Mischkultur**
> Unter Mischkultur versteht man den gleichzeitigen Anbau von Gemüse und Kräutern, die sich gegenseitig positiv beeinflussen. Die Arten fördern sich im Wachstum, sogar ihr Eigengeschmack wird oft verstärkt. Außerdem werden die Nährstoffreserven des Bodens optimal genutzt. Gleichzeitig dient diese Kulturmethode der Vorbeugung vor Schädlingen und Krankheiten.

92. Insekten bekämpfen: Wie kann ich mithilfe der Dalmatiner Insektenblume Insekten natürlich bekämpfen?

Wie schon der Name der Dalmatiner Insektenblume (*Tanacetum cinerariifolium*, früher *Chrysanthemum cinerariifolium*) besagt, stammt sie ursprünglich vom Balkan. Und noch einen Hinweis gibt die Benennung: Die Pflanze wirkt auf Insekten. Äußerlich tragen die Blütenköpfe einen Kranz weißer Zungenblüten um die mit gelben Röhrenblüten besetzte Mitte. Sie verströmen einen intensiven Duft und ziehen scharenweise Bestäuber in ihren Bann. Allerdings ist, wie so oft, der Schein trügerisch: Die Blüten besitzen Substanzen, die eben diesen Insekten den Garaus machen können. Diese Inhaltsstoffe, sogenannte Pyrethrine, sind äußerst giftig für die Tiere, da sie das Nervensystem lähmen. Sie sind verantwortlich für die Wirkung von Pyrethrum, einem Insektenvernichtungsmittel oder Insektizid, das bereits die alten Römer kannten. Aus den jungen, gerade geöffneten Blütenköpfen werden durch Trocknen und Mahlen oder Extraktion Mittel hergestellt, die man gegen Schädlinge wie Weiße Fliege, Käfer, die verschiedenen Läuse, Zikaden und dergleichen einsetzen kann. Allerdings unterscheidet Pyrethrum nicht zwischen „gut" und „böse", und so werden leider auch die Nützlinge vernichtet. Die Präparate sind in verschiedenen Formen erhältlich, etwa als Pulver, Lösung oder Spray. Auch wenn die Mittel umweltverträglicher sind als die meisten chemischen Spritzmittel, sollten Sie sie nur im Notfall verwenden und beim Hantieren sehr vorsichtig sein. Beim Kontakt oder Einatmen kann es nämlich zu Reizungen der Haut, Schleimhäute oder der Augen kommen. Inzwischen sind auch Mittel im Handel, die synthetisch hergestellte Pyrethroide enthalten. Diese sind zwar noch wirksamer, ihre Rückstände reichern sich jedoch in der Nahrungskette an. Deshalb ist es auf jeden Fall besser, im privaten Nutzgarten möglichst auf ihre Verwendung zu verzichten.

KRÄUTER HELFEN KRÄUTERN

NAME	VERWENDUNG	ZUBEREITUNG
Zwiebel, Knob-Lauch (*Allium cepa, A. sativum*)	vorbeugend und zur Bekämpfung von Pilzkrankheiten, bei Blattläusen	Tee und Brühe vorbeugend 1:5 verdünnt; zur Bekämpfung unverdünnt
Wermut (*Artemisia absinthium*)	vorbeugend und zur Bekämpfung von Pilzkrankheiten, verschiedenen Läusen, Ameisen, Erdflöhen, Raupen, Dickmaulrüssler	Tee und Brühe unverdünnt
Acker-Schachtelhalm (*Equisetum arvense*)	als Stärkungsmittel und milde Düngung; vorbeugend und zur Bekämpfung von Pilzkrankheiten, Blattläusen	Brühe und Jauche 1:5 verdünnt
Rainfarn (*Tanacetum vulgare*)	vorbeugend und zur Bekämpfung von Pilzkrankheiten, verschiedenen Läusen, Dickmaulrüssler, Kohlweißling, Ameisen	Brühe unverdünnt
Brennnessel (*Urtica dioica* und *U. urens*)	als Stärkungsmittel und milde Düngung; vorbeugend und zur Bekämpfung von Pilzkrankheiten, Blattläusen, Spinnmilben	Brühe 1:5, Jauche 1:10, Kaltwasserauszug unverdünnt

93. **Keimlinge fallen um:** **Nach der Aussaat hat der Dill zügig gekeimt und ist erst gut gewachsen. Doch plötzlich fallen Pflänzchen um und gehen schlagartig ein. Woran liegt das?**

Ihre Keimlinge leiden an der Umfallkrankheit, auch Schwarzbeinigkeit oder Wurzelbrand genannt. Die Ursache dafür sind verschiedene Pilzarten, welche die Sämlinge befallen. Sie bewirken, dass die Leitungsbahnen verstopfen, der Stängelgrund wird weich und faulig, was dann zum Abknicken und Absterben der Pflanzen führt. Da man die Erreger oft mit Saatgut oder Erde einschleppt, sollten Sie nur keimfreies Substrat und gebeiztes Saatgut verwenden. Befallene Pflanzen entsorgen Sie mitsamt Erde über den Hausmüll. Niemals auf den Kompost geben, da die Keime dort überdauern. Reinigen und desinfizieren Sie auch Saatschalen und Werkzeuge. Feuchtkalte Witterung fördert den Befall ebenso wie zu dichte Aussaat, daher sollte man nicht zu früh aussäen und sparsam gießen.

94. **Kohlweißling:** **Kann es sein, dass meine Kapuzinerkresse von Raupen des Kohlweißlings angefressen wird?**

Damit haben Sie leider recht. Der Kohlweißling, ein Schmetterling mit weißen, schwarz geränderten Flügeln, ist im Gemüsegarten ein ungeliebter Gast: Die Weibchen legen im Frühjahr gelbe, kegelförmige Eier an der Blattunterseite von Kohlgewächsen (*Brassicaceae* oder *Cruciferae*) und auch an der Kapuzinerkresse ab. Daraus schlüpfen gefräßige Raupen. Die blassgrünen Tiere mit schwarzer Zeichnung lassen in kürzester Zeit nur Blattrippen übrig. Vorbeugende Maßnahmen, wie Mischkultur, sind hier zu empfehlen. Stark duftende Kräuter, wie Lavendel, Thymian und Pfeffer-Minze, halten die Falter von der Eiablage ab. Auch feinmaschige Schutznetze über gefährdeten Kulturen sind sehr effektiv. Spritzen Sie vorbeugend im Früh-

Die Raupen des Kohlweißlings fressen leider auch die Kapuzinerkresse in kürzester Zeit völlig kahl.

jahr und vom Hochsommer bis in den Frühherbst öfter Rainfarn- oder Wermutbrühe. Wichtig ist das Jäten gefährdeter Unkräuter wie Ackersenf (*Sinapis arvensis*) und Hederich (*Raphanus raphanistrum*). Eigelege und Raupen sammeln Sie ab. Bei starkem Befall können Sie *Bacillus thuringiensis* ausbringen, Bakterien, die die Raupen abtöten. Auch Schlupfwespen tun gute Dienste. Sie kommen, mit Glück, von selbst, sind aber im Fachhandel (→ Frage 98) erhältlich.

95. Lavendel zur Blattlausabwehr: Hält Lavendel neben einer Rose diese wirklich blattlausfrei?

Lavendel und Rosen passen zwar prima zusammen. Die bloße Partnerschaft hilft leider nicht gegen Blattläuse. Lavendel vertreibt sie nur, wenn seine Wirkstoffe direkt auf die Pflanze ausgebracht werden. Geben Sie ca. 10 Tropfen ätherisches Lavendelöl in eine mit lauwarmem Wasser gefüllte Sprühflasche, schütteln Sie gut und nebeln Sie die Rosen und andere Pflanzen vorbeugend und zur Bekämpfung damit gut ein.

96. Möhren schützen: An Möhren legt bei uns immer wieder die Möhrenfliege ihre Eier ab. Kann ich dies mit Kräutern verhindern?

Die Larven der Möhrenfliegen fressen, wie die Larven anderer Gemüsefliegen, vor allem an Wurzeln und Stängeln und können ganze Pflanzen zum Absterben bringen. Eine Mischpflanzung mit Zwiebeln, Schnitt-Lauch oder Dill hält die Fliegen von der Eiablage ab. Sie können zudem für die Möhrenaussaat Saatbänder verwenden, die eine Barriere für die Fliegen sind.

97. Nützlinge fördern: **Mit welchen Kräutern kann ich Nützlinge wie Marienkäfer oder Florfliegen anlocken?**

Jeder Schädling hat natürliche Gegenspieler. Diese wild lebenden Tiere unterstützen den Menschen dabei, seine Pflanzen vor Plagegeistern zu schützen. Diese Nützlinge gilt es zu fördern, dann halten sich Blattlausplagen, Kahlfraßorgien durch Raupen oder Maden und ähnliche Desaster in Grenzen. Gestalten Sie Ihren Garten möglichst vielfältig und schaffen Sie etwa durch Fruchtgehölze, Wildblumen und -kräuter, einen Laubhaufen in der Gartenecke oder gar eine Wasserstelle Lebensraum für die unterschiedlichsten Helfer. Marienkäfer, Florfliegen, Schwebfliegen und Co. lieben duftende Blütenpflanzen, wobei es ihnen vor allem Doldenblütler wie Dill oder Fenchel angetan haben. Gerade die Larven dieser Insekten verzehren unglaubliche Mengen an Blattläusen und anderen Schädlingen. Vernichten Sie deshalb nicht gleich jede Laus. Die Nützlinge verhungern sonst und bleiben weg.

> **INFO**
>
> **Nützlinge auf den Balkon locken**
> Auch auf Balkon und Terrasse halten Nützlinge wie Marienkäfer, Schwebfliegen und Florfliegen die Schädlinge in Grenzen. Um sie anzulocken, sollten Sie möglichst viele bunte Blütenpflanzen setzen. Ernten Sie auch nicht alle Gewürzkräuter vollständig ab, sondern lassen Sie einige Stängel zur Blüte kommen, das zieht die fleißigen Helfer an.

98. **Pflanzenschutzmittel:** Ich möchte bei Kräutern auf chemische Pflanzenschutzmittel verzichten. Was kommt aber zur Bekämpfung von Läusen oder Mehltau infrage?

Chemische Mittel sind für Kräuter und Gemüse tabu. Außerdem gibt es genügend andere Möglichkeiten. Der beste Schutz vor Schädlingen und Krankheiten sind die geeignete Standortwahl, Mischkultur und Vorsorgemaßnahmen. Dazu gehört die Förderung von Nützlingen ebenso wie gute Nährstoffversorgung und regelmäßige Pflege. Feinmaschige Netze über den Kulturen halten Fliegen, Falter und Co. fern. Gelbtafeln fangen Weiße Fliegen und andere Schädlinge weg. Pflanzenzubereitungen (→ Tabelle Seite 93) helfen, die Widerstandskraft der Kräuter zu erhöhen. Die Brühen eignen sich auch zur Bekämpfung von Schädlingen und Krankheiten. Kontrollieren Sie regelmäßig und schreiten Sie beizeiten ein. Läuse, Raupen o. Ä. kann man abstreifen oder absammeln. Auch ein scharfer Wasserstrahl oder eine Dusche sind wirksame Mittel. Greifen Sie notfalls zur Schere und schneiden Sie befallene Triebe ab. Befallenes Schnittgut oder verseuchte Erde gehört nicht auf den Kompost! Zudem kann man verschiedene Nützlinge im Fachhandel kaufen und auf den infizierten Pflanzen ausbringen.

99. **Pilzkrankheiten:** Mein Nachbar sagt, dass er Knob-Lauch einsetzt, um Pilzkrankheiten von anderen Pflanzen fernzuhalten. Stimmt das, und wie verwendet man den Knob-Lauch dazu?

Neben Schädlingen wie Läuse, Raupen, Fliegenmaden o. Ä. befallen auch Schadpilze die Pflanzen. Echter und Falscher Mehltau, Rostpilze, Grauschimmel, Blattfleckenkrankheiten und dergleichen können dem Gärtner die Freude vergällen. Knoblauchtee ist sehr gut geeignet, Kräuter und andere Pflanzen davor zu schützen (→ Frage 86, Tabelle Seite 88 und 93).

PFLANZENZUBEREITUNGEN

ZUBEREITUNGSART	HERSTELLUNG
Jauche	ca. 1 kg frische oder 150–200 g getrocknete, zerkleinerte Pflanzenteile in einem Gefäß mit 10 l kaltem Wasser übergießen, unverschlossen an einen sonnigen Platz stellen, den Ansatz täglich umrühren; aufsteigende Bläschen signalisieren den Beginn der Gärung; nach 4–5 Tagen die helle, scharfe, noch gärende Mischung gegen saugende Schädlinge, z. B. Blattläuse, einsetzen; je nach Witterung ist der Ansatz nach 1–6 Wochen durchgegoren und kann verdünnt verwendet werden (→ Tabelle Seite 88)
Brühe	ca. 1 kg frisches oder 100–150 g getrocknetes, zerkleinertes Kraut in 10 l kaltem Wasser für mehrere Stunden einweichen, dann zum Kochen bringen und 20 Min. lang sieden lassen; abgekühlt durchseihen und verdünnt oder unverdünnt spritzen; nur emaillierte Töpfe verwenden, Metallgefäße können angegriffen werden und sondern schädliche Stoffe ab
Tee	etwa 300–400 g frisches oder 30–50 g getrocknetes, zerkleinertes Material mit 10 l kochendem Wasser übergießen; ziehen lassen, bis die Mischung abgekühlt ist, dann abseihen und unverdünnt oder leicht verdünnt verwenden
Kaltwasserauszug	ca. 300–500 g frisches oder 100 g getrocknetes Material in 10 l kaltes Wasser legen und das Gefäß für 1–2 Tage an einen schattigen Platz stellen; die Mischung darf nicht gären; dann abseihen und unverdünnt oder leicht verdünnt verwenden

100. Raupen in Trockenkräutern: In meinem Vorrat an getrockneten Kräutern sind kleine Raupen. Muss ich die Kräuter jetzt wegwerfen?

In Ihren Kräutern haben sich leider Lebensmittelmotten breitgemacht. Diese schmutzig weißlichen bis graubraunen Schmetterlinge mit dunkler Zeichnung legen ihre Eier vorwiegend nachts in Vorräte. Mehl, Trockenfrüchte, Nüsse, Schokolade, Getreideprodukte, Gewürze, Tees, Kräuter – kaum etwas Essbares ist vor ihnen sicher. Die erwachsenen Tiere fressen übrigens nichts, dafür vernichten ihre weißlichen bis rosa oder gräulichen, manchmal auch gelblichen Raupen alles, was ihnen vor die Mundwerkzeuge kommt. Dabei spinnen sie das befallene Gut auch zusammen. Sind die Motten erst einmal da, hilft leider nur noch, die Vorräte zu entsorgen. Anschließend sollten Sie Schubladen, Schränke etc. gründlich bis in sämtliche Ritzen mit Essigwasser auswaschen. Bewahren Sie Lebensmittel in dicht verschließbaren Plastikbehältern auf. Die Motten dringen nämlich auch noch durch die winzigsten Öffnungen ein. Achten Sie vor allem an Sommerabenden auf die etwa 1,5 cm großen Falter, und gehen Sie sofort auf die Jagd, wenn Sie die Tiere entdecken. Vorsicht: Die dunklen Flügelschuppen verursachen hässliche und hartnäckige Flecken auf den Wänden. Deshalb empfiehlt es sich, die Motten auf andere Weise zu beseitigen, etwa mit einer Dosis Haarspray. Damit können Sie auch die Ritzen und Winkel von Schubladen und Schränken aussprühen.

101. Rosmarin verliert Blätter: Nachdem ich meinen Rosmarin zur Überwinterung ins Haus geholt habe, lässt er alle Nadelblätter fallen. Was kann ich tun?

Vermutlich haben Sie es gut gemeint und den Rosmarin ins Warme gestellt. Das bekommt dem kleinen Strauch aber leider gar nicht so besonders, denn er braucht zum Überwintern kühle Temperaturen um ca. 10 °C und einen hellen Platz. Im geheizten Zimmer ist ihm in der Regel auch die Luftfeuchtigkeit zu gering. Kombiniert mit zu sparsamem oder zu reichlichem Gießen, stresst ihn das so sehr, dass er darauf mit Blattfall reagiert. Sorgen Sie also für ein passendes Winterquartier, gießen Sie gerade so viel, dass der Wurzelballen nicht austrocknet, und sprühen Sie ihn gelegentlich mit Wasser ein. Hat er bereits die Blätter abgeworfen, schneiden Sie ihn zurück.

102. Schachtelhalm als Stärkungsmittel: Der Schachtelhalm gilt als Stärkungsmittel für Pflanzen. Wie setze ich ihn ein?

Blätter und Stängel des Schachtelhalmes enthalten viel Silizium in Form von Kieselsäure. Wird eine Zubereitung aus den frischen oder getrockneten Teilen (→ Tabelle Seite 88) auf andere Pflanzen gespritzt und gegossen, lagern deren Zellen das Silizium ein und stärken dadurch die Blattoberfläche. Das erhöht die Widerstandskraft; Pilzsporen und Schädlinge wie z. B. Blattläuse haben es deutlich schwerer, die Gewächse zu schädigen. Auch zur Bekämpfung bereits befallener Pflanzen eignet sich der Schachtelhalm bestens.

EXTRATIPP

Wermut macht stark gegen Pilzkrankheiten
Eine Zubereitung aus Wermut vertreibt nicht nur lästige Blattläuse, sondern beugt auch verschiedenen Pilzkrankheiten vor (→ Tabelle Seite 93). Wichtig ist dabei, dass die Lösung rechtzeitig, also schon ab dem Austrieb, alle zwei Wochen ausgebracht wird. Das gilt übrigens auch für die anderen Tees und Brühen, die vorbeugend als Pflanzenstärkungsmittel eingesetzt werden. Ist die Pflanze nämlich bereits erkrankt, helfen meist auch keine Spritzmittel mehr.

103. Schlechte Nachbarn: Stimmt es, dass Wermut nicht neben anderen Kräutern stehen soll?

So wie es Pflanzen gibt, die sich gegenseitig fördern (→ Frage 58 und 91), gibt es auch welche, die sich nicht mögen. Manche bekämpfen sich sogar, indem sie über die Wurzeln Stoffe ausscheiden, die andere Pflanzen am Gedeihen hindern. Man spricht dann von Wachstumsdepression. Wermut gehört zu den Arten, die deshalb am besten nicht in direkter Nachbarschaft zu anderen Kräutern stehen sollten. Nicht „riechen" können sich auch Estragon und Petersilie, Basilikum und Wein-Raute, Pfeffer-Minze und Kamille, Zitronen-Melisse und Indianernessel. Außerdem vertragen sich viele Doldenblütler nicht untereinander, darunter Fenchel, Dill, Kerbel, Koriander, Kümmel, Liebstöckel, Möhren, Petersilie und Sellerie. Auch Kreuzblütler wie Brunnen- und Kresse, Kohl, Meerrettich, Radieschen, Rucola oder Senf hindern sich gegenseitig eher, als dass sie sich fördern.

104. Schleimige Tierchen: An den Winterheckzwiebeln habe ich kleinen Nacktschnecken ähnelnde Tiere entdeckt. Sind sie schädlich?

Hier haben sich die Larven der Zwiebelhähnchen breitgemacht. Die Käfer gehören zur gleichen Gattung wie die sehr ähnlich aussehenden Lilienhähnchen. Die erwachsenen Tiere fressen Löcher in die Blätter, an deren Unterseite sie ihre schmutzig rötlich gelben Eier meist in Reihen ablegen. Daraus schlüpfen dickliche, graugelbe bis schmutzig graue Larven, die sich mit schleimigem Kot bedecken und deshalb an Nacktschnecken erinnern. Auch sie fressen an den Pflanzen, bis sie sich zur Verpuppung in die Erde zurückziehen. Sammeln Sie Käfer und Larven sorgfältig ab und vernichten Sie sie. Streifen Sie vor allem die schleimigen Blattunterseiten gut ab. Gut hilft auch eine Spritzung mit Rainfarnbrühe (→ Tabelle Seite 88).

105. Schnecken: Wie bewahre ich Basilikum vor Schneckenfraß?

Schnecken machen dem Kräutergärtner das Leben ganz schön schwer. Besonders Nacktschnecken richten über Nacht regelrechten Kahlfraß an. Zarte, weiche Blätter von Basilikum, aber auch Keimblätter und junger Austrieb von Majoran, Portulak oder Sauerampfer stehen auf ihrem Speisezettel. Zur Vorbeugung fördert man Nützlinge, wie Igel, Spitzmaus und Drosseln, durch Reisig-, Laub- oder Totholzhaufen bzw. Nisthilfen. Diese Tiere vertilgen die schleimigen Genossen. Errichten Sie rund um die Beete spezielle Schneckenzäune aus dem Fachhandel. Die Elemente bestehen z. B. aus Kunststoff, Metall oder Stein. Ihre obere Kante muss ein U-Profil aufweisen – das macht den Zaun zum unüberwindbaren Hindernis. Achten Sie darauf, dass kein Blatt, Halm oder dergleichen als Brücke darüber hinausragt. Legen Sie ins Beet Basilikumzweige als Fangpflanzen aus. Damit lassen sich Schnecken anlocken und vernichten, die noch innerhalb der Umzäunung sind. Mit kochendem Wasser können Sie sie rasch abtöten. Lockern Sie regelmäßig den Boden, so erfassen Sie auch die perlschnurartigen Eigelege, die an der Luft und Sonne rasch austrocknen. Pflanzen Sie um die Kräuter Tagetes, die sind bei Schnecken beliebt und halten die Plagegeister von den anderen Pflanzen fern.

> **INFO**
>
> **Schneckenkorn**
> Im Handel gibt es verschiedene Schneckenkornpräparate mit unterschiedlichen Wirkstoffen. Achten Sie darauf, dass die Mittel regenfest und schimmelresistent sind. Dosieren Sie sparsam und halten Sie sich genau an die Packungsanleitung. Bringen Sie Schneckenkorn nicht bei zu nassem Wetter aus, damit es nicht weggespült oder in den Boden gewaschen wird.

Feiner, scharfkantiger Rollsplitt eignet sich ebenfalls als Barriere, da die Tiere nicht gerne über so raue Flächen kriechen. Nur wenn alles andere versagt, sollten Sie Schneckenkorn verwenden (→ Info Seite 97), denn viele der Mittel sind auch giftig für Nützlinge wie den Igel und für Haustiere. Gut geeignet sind Präparate auf Eisenbasis, denn sie schonen Igel.

106. Schwarze Fliegen: Bei meinen Topfkräutern kommen kleine schwarze Fliegen aus der Erde. Was kann ich dagegen tun?

Die kleinen Insekten, auch Trauermücken, Moos- oder Humusfliegen genannt, bevölkern gerne die Erde im Garten wie auch im Gefäß. Die 2–4 mm großen Tiere leben, ebenso wie ihre glasig weißen, wurmartigen Larven, in feuchtem, humusreichem Substrat. Da sie sich vorwiegend von abgestorbenem Material ernähren und nur selten ein bisschen an den Faserwurzeln knabbern, gelten sie nicht als Schädlinge, sondern als sogenannte Lästlinge. Sie lassen sich zwar nur schwer völlig entfernen, wohl aber in ihrer Anzahl dezimieren, indem man die obere Substratschicht austauscht und die Pflanze trockener hält. Sie können auch Gelbtafeln aufstellen, die die Insekten abfangen.

107. Speichel an den Stängeln: An meinen Kräutern sehe ich bisweilen Schaumflocken wie große Speichelballen. Wer ist der Verursacher?

Hier waren Schaumzikaden am Werk. Die bis 5 mm großen, gelblich grünen Insekten, übrigens enge Verwandte der Blattläuse, sitzen vornehmlich auf der Blattunterseite und saugen dort an den Zellen. Die Folge davon ist eine gelbliche bis weißliche Sprenkelung, später vergilben die Blätter und fallen schließlich ab. Sobald Zikaden gestört werden, springen sie auf und fliegen davon. In den Speichelballen, die Sie bemerkt haben, dem sogenannten Kuckucksspeichel, sitzt jeweils eine Larve, die im Schutze dieser Schaumhäufchen an den Pflanzen saugt. Streifen Sie sie einfach ab. Vorbeugend und zur Bekämpfung empfehlen sich Spritzungen mit einem Brennnesselkaltwasserauszug: Ca. 1 kg frische oder 200 g getrocknete Brennnesseln mit 10 l kaltem Wasser ansetzen, nach 1–2 Tagen abseihen und unverdünnt vor allem auch an den Blattunterseiten ausbringen (→ Tabelle Seite 93).

108. Spinngewebe: **Mein Vietnamesischer Koriander auf der Fensterbank ist an den Triebspitzen von feinen Gespinsten überzogen und verliert seine Blätter. Was ist da los?** **?**

Wenn Sie genau hinsehen, werden Sie in den Gespinsten winzige gelblich grüne oder orange bis rote Tierchen entdecken. Die Spinnmilbe, auch Rote Spinne genannt, saugt am liebsten an der Blattunterseite. Dadurch entsteht an der Oberseite eine gelbe, manchmal auch silbrig weiße Sprenkelung, bevor das Blatt vergilbt und abfällt. Bei starkem Befall sind die Blattunterseiten und Triebspitzen von feinen Gespinsten bedeckt. Trockene, warme Luft fördert die Verbreitung der Spinnentiere. Vorbeugend durch häufiges Sprühen für höhere Luftfeuchtigkeit sorgen und gelegentlich mit Brennnesseltee einnebeln. Befallene Teile umgehend entfernen und die Pflanzen gründlich abduschen. Gute Arbeit leisten auch Raubmilben, die man im Fachhandel beziehen kann.

Bei starkem Befall mit Spinnmilben, hier an Ringelblumen, sind die Pflanzen von einem dichten Gespinst überzogen.

109. Unkraut: Mein Kräuterbeet ist von Acker-Winden durchzogen, ich werde das Unkraut auch mit Jäten nicht los. Was soll ich tun?

Acker-Winden (*Convolvulus arvensis*) sind attraktive Pflanzen mit weißen, zartblauen oder rosa Trichter-blüten. Leider überwuchern sie in kürzester Zeit auch größere Flächen und unterdrücken die meisten ande-

FRÜHERKENNUNG
Regelmäßiges Jäten des jungen Unkrauts beugt übermäßigem Wuchs vor.

1

HÄUFIG STÖREN
Hacken hemmt den Aus-breitungsdrang und hält den Boden locker.

2

3

SONDERFÄLLE
Unkrautstecher entfernen auch hartnäckige Pflan-zen mitsamt der Wurzel.

4

UNTERDRÜCKEN
Eine Mulchschicht hemm Unkraut und kommt auc dem Boden zugute.

ren Pflanzen. Sie durchziehen den Boden mit einem äußerst hartnäckigen Wurzelwerk, das anderen Gewächsen sozusagen Nährstoffe und Wasser streitig macht. Acker-Winden sind deshalb nur sehr schwer zu bekämpfen. Reißen Sie die Pflanzen aus und betupfen Sie die Wunden mit Essig. Heben Sie mit einer Grabgabel die quer verlaufenden Wurzelstränge aus, und produzieren Sie dabei so wenig Teilstücke wie möglich, da jedes wieder austreibt. In Extremfällen müssen Sie das Beet noch mindestens zwei Jahre mit Folie abdecken, um das Unkraut auszuhungern. Greifen Sie nur im Notfall zu chemischen Mitteln.

110. Unkraut jäten: Gibt es einen Trick, um mir das Unkrautjäten im Kräuterbeet zu ersparen?

Ja, durch Mulchen. Darunter versteht man das Bedecken des Bodens mit organischem Material, z. B. mit klein gehäckselten Stauden- oder Gehölzresten, Rasenschnitt, Rindenhumus oder Kompost (→ Abb 4). Zum einen unterdrückt Mulchen das Unkraut, zum anderen fördert es die Bodengare und damit die Bildung von Humus. Außerdem verhindert Mulchen Bodenerosion und schafft ein warmes, gleichmäßig feuchtes Klima – Sie müssen weniger gießen. Wer kein natürliches Mulchmaterial hat, kann auch zu Mulchfolie greifen. Sie ist lichtdicht, dient der Bodenerwärmung und unterdrückt ebenfalls Unkrautwuchs.

111. Verpiss-Dich-Pflanze: Wirkt die Verpiss-Dich-Pflanze zuverlässig, dass Katzen und Hunde nicht mehr in die Beete gehen?

Generell können viele Hunde und Katzen die Verpiss-Dich-Pflanzen (*Plectranthus-Caninus*-Hybriden) nicht riechen und machen einen Bogen um sie. Es gibt jedoch leider immer wieder Tiere, die sich von dem nur für sie wahrnehmbaren Geruch nicht abhalten lassen.

112. Weiße Flöckchen an Blättern: Die Blatt-unterseiten meiner Chilipflanzen sind übersät mit weißen bis hellgrauen Flöckchen. Sie werden immer mehr. Woher kommt das?

Das kommt von den Woll- und Schmierläusen, die sich hier breitmachen. Die kleinen Tiere umgeben sich mit einem weißlichen bis rötlichen, watteartigen „Pelz" aus Wasser abweisenden Fäden, in dessen Schutz sie ihr Unwesen treiben. Sie saugen am liebsten an jungen Blättern und Triebspitzen und bringen damit die befallenen Teile zum Absterben. In Zimmer und Gewächshaus gedeihen sie besonders gut. Dank ihrer Wachsausscheidungen sind sie aber leicht zu erkennen, sodass Sie bei Bedarf gleich einschreiten können. Einzelne Läuse streifen Sie einfach ab und betupfen die Stellen mit etwas ätherischem Teebaum-öl. Stärker befallene Triebspitzen schneiden Sie am besten ab. Vorbeugend und zur Bekämpfung eignen sich auch Spritzungen mit Pflanzenzubereitungen, z. B. aus Wermut oder Rainfarn. Besprühen Sie dabei auch die Blattunterseiten und die Blattachseln. Ein fleißiger Helfer bei der Bekämpfung ist der Australi-sche Marienkäfer. Seine Larven gibt es im Fachhandel.

113. Welke Kräuter: Einige meiner Kräuter wirken schlaff und welk, obwohl ich sie immer gut gieße. Was könnte ihnen fehlen?

Sie haben wahrscheinlich zu viel gegossen. Ist die Erde ständig nass, z. B. wegen mangelnder Wasserabzugs-löcher, kommt es im Substrat zu Sauerstoffmangel. Das hat wiederum zur Folge, dass die Wurzeln ab-sterben. Die Pflanze kann kein Wasser mehr aufneh-men und verdurstet, obwohl genügend davon da ist. Um das zu vermeiden, achten Sie beim Eintopfen darauf, dass genügend Abzugslöcher vorhanden sind. Gießen Sie nicht zu viel und lassen Sie das Substrat immer wieder abtrocknen. Lieber seltener und dafür durchdringend wässern als häufig und nur ein bisschen. Kranke Pflanzen nehmen Sie heraus, schneiden faulige Wurzeln zurück und geben sie in frische Erde.

114. Wühlmäuse: In unserem Kräutergarten tummeln sich Wühlmäuse. Wie werde ich sie los?

Wühlmäuse richten besonders am Stadtrand und in ländlichen Gegenden Verwüstungen an. Vor allem fleischige Zwiebeln und Knollen haben es ihnen angetan. Vorbeugend können Sie Knob-Lauch, Kaiserkrone (*Fritillaria imperialis*) oder Kreuzblättrige Wolfsmilch (*Euphorbia lathyris*) eng um die anderen Pflanzen setzen. Wühlmäuse mögen ihren Geruch nicht. Auch engmaschige Pflanzkörbe halten die Mäuse von gefährdeten Arten ab. Im Handel gibt es Geräte, die die Tiere durch Schallwellen vertreiben. Auch chemische Begasungsmittel gibt es zu kaufen, die wegen ihrer starken Giftigkeit nicht im Nutzgarten verwendet werden sollten. Die Anwendung von Wühlmausfallen sollten Sie sich vom Fachhändler erklären lassen. Falsch aufgestellt wirken sie nämlich nicht.

1 *Schildläuse verstecken sich unter einem harten Panzer, in dessen Schutz sie ungestört an den Pflanzenzellen saugen.*

2 *Bemerken Sie Wühlmause, sollten Sie sofort handeln, denn die Tiere können in kurzer Zeit ganze Beete vernichten.*

Aussäen und vermehren

Die Lieblingskräuter selbst zu vermehren ist mit ein bisschen Übung nicht nur einfach, es macht zudem auch Spaß. Hier finden Sie Tipps und Anregungen rund um die Vermehrung, mit denen Sie schnell zum Erfolg kommen.

115. Absenker: Welche Kräuter kann man über Absenker vermehren?

Das Ziehen von Absenkern ist eine Art der vegetativen, also ungeschlechtlichen Vermehrung, die man bei verholzenden Pflanzen gerne anwendet. Bei den Kräutern sind das z. B. Rosmarin, Thymian, Oregano, ältere Exemplare von Salbei, Eberraute oder Lorbeer. Nehmen Sie dafür im Frühjahr oder Frühsommer einen langen, noch elastischen Trieb und legen Sie ihn am Boden oder einem danebenstehenden Topf mit Erde ab. Dort, wo der Trieb die Erde berührt, entfernen Sie die Blätter und schneiden Sie ihn an der Unterseite schräg ein. Klemmen Sie ein Stückchen Holz oder ein Steinchen hinein, damit der Schnitt offen bleibt, fixieren Sie den Trieb am Boden, z. B. mit einem Drahtbügel, und bedecken Sie die Stelle mit Erde. Achten Sie darauf, dass die Triebspitze nach oben weist und leiten Sie sie gegebenenfalls auf. Nach ein paar Wochen haben sich Wurzeln gebildet. Dann wird der Nachwuchs von der Mutterpflanze getrennt.

116. Abstand bei der Aussaat: Gibt es eine einfache Methode, Kräutersamen im richtigen Abstand auszusäen?

Die gibt es. Nachdem Sie den Boden des Beetes vorbereitet haben, legen Sie in regelmäßigen Abständen Saatreihen an. Der Abstand hängt von Größe und Wuchs und damit vom Platzbedarf des entsprechenden Krautes ab und liegt meist zwischen 20 und 40 cm. Ziehen Sie mit der Handkante, einem Stiel, der Kante des Rechenrückens o. Ä. eine gerade Rille. Das können Sie frei Schnauze oder, bei langen Reihen, mithilfe einer Schnur machen, die Sie vorher in Reihenrichtung zwischen zwei Pflöcke gespannt haben. In diese Reihen werden nun die Samen gestreut, und zwar möglichst dünn und gleichmäßig, dann müssen Sie später nicht so viel ausdünnen. Je nach Größe der

Samenkörner ist der richtige Abstand 1–2 cm. Größere Samen, etwa Anis oder Koriander, können Sie einzeln legen. Die Samen leicht andrücken, mit Erde bedecken und angießen (→ Frage 136 und 137).

117. Ausläufer bei Schafgarbe: Meine Schafgarbe treibt viele Ausläufer. Kann ich die zur Vermehrung nutzen?

Einige Schafgarben bilden, wie verschiedene Minzen, Estragon und andere Kräuter, unterirdische Ausläufer, sogenannte Rhizome, woran sich Tochterpflanzen bilden. Für die Pflanzen ist das eine effektive Art der Vermehrung. Trennen Sie die Pflänzchen im Frühjahr oder Herbst mit einem Rhizomstück ab und pflanzen Sie sie woanders ein. Manche Arten bilden oberirdische Ausläufer, etwa verschiedene Erdbeeren oder Gundermann (*Glechoma hederacea*). An diesen langen, umgebildeten Seitentrieben bewurzeln neue Pflänzchen, wenn sie mit dem Boden in Kontakt kommen. Auch diese trennt man von der Mutterpflanze ab und setzt sie an anderer Stelle wieder ein.

1 *Mithilfe einer Schnur, die zwischen zwei Pflöcke gespannt wird, lassen sich ganz einfach exakte Saatreihen ziehen.*

2 *Große Samen kann man einzeln in spezielle Töpfe drücken, die sich später im Boden zersetzen und das Umtopfen ersparen.*

118. Aussaat direkt ins Beet: Welche Kräuter kann ich direkt in den Garten säen?

Damit ein Samenkorn keimt, spielen neben den genetischen Eigenschaften verschiedene äußere Faktoren eine wichtige Rolle, nämlich Wasser, Sauerstoff und Wärme. Kommt ein Same in die Erde, benötigt er zunächst Feuchtigkeit, die durch die Samenschale eindringt und ihn zum Quellen bringt. Wenn in den Zellen genügend Wasser gespeichert wurde, setzen verschiedene Stoffwechselvorgänge ein. Zum Aufbau von Pflanzensubstanz, also Wurzeln und Blätter, muss der Embryo zunächst auf seine gespeicherten Nährstoffvorräte zurückgreifen und diese abbauen bzw. umwandeln. Und dazu braucht er Sauerstoff und Wärme, wobei die benötigte Keimtemperatur je nach Art und manchmal sogar je nach Sorte unterschiedlich ist. Generell brauchen Kräuter aus südlicheren Gefilden, wie Basilikum, Lavendel und Majoran, höhere Temperaturen als einheimische und deshalb kälteunempfindlichere Arten wie Kerbel, Kresse, Dill oder Fenchel. Diese können je nach Witterung etwa ab März/April direkt in den Garten gesät werden. Am besten hält man sich an die Aussaatzeiten, die auf der Samentüte angegeben sind. In klimatisch ungünstigen Gegenden oder in feuchtkühlen Monaten empfiehlt es sich, die Saat durch Vlies oder einen Folientunnel vor starken Regenfällen und Kälte zu schützen.

119. Aussaaterde: Welche Erde verwende ich am besten zur Aussaat von Kräutern?

Wenn Sie Kräuter in Saatschalen oder anderen Gefäßen vorziehen, verwenden Sie am besten spezielle Anzuchterde. Diese sogenannten Einheitserden vom Typ 0 oder Typ VM, aber auch TKS 0 bzw. TKS 1, zeichnen sich durch hohe Durchlässigkeit und Feinkörnigkeit aus und sind zudem sehr mager. Diese Eigenschaften sind wichtig, denn dichter, staunasser

Boden und eine hohe Nährstoffkonzentration behindern die Entwicklung der feinen Faserwurzeln. Säen Sie direkt ins Freiland, sollte die Erde gründlich vorbereitet werden (→ Frage 41). Auf keinen Fall darf das Beet vorher gedüngt werden. Kompost arbeiten Sie daher am besten bereits im Herbst ein.

120. Basilikum säen: **Ich säe Basilikum immer recht dicht in Töpfe aus. Muss ich die Keimlinge nach dem Auflaufen pikieren?**

Wird die Samenruhe durch Signale aus der Umwelt, z. B. Feuchtigkeit oder Wärme, gebrochen, setzt der Stoffwechsel ein, und das Wachstum beginnt (→ Frage 118). Zuerst schiebt sich eine feine Wurzel in die Erde, die die Versorgung übernimmt, darauf erscheinen die Keimblätter. Diese sind sozusagen eine Übergangslösung und sterben später ab. Die Keimlinge entwickeln sich oft erstaunlich schnell. Da sie meist recht eng stehen, konkurrieren sie um Licht, Wasser und Nährstoffe. Damit die Sämlinge zu kräftigen Jungpflänzchen heranwachsen können, muss man sie deshalb pikieren, d. h. umpflanzen oder vereinzeln. Sobald sich die ersten echten Blätter zeigen, ist der beste Zeitpunkt dafür gekommen (→ Extratipp).

EXTRATIPP

So werden Sämlinge richtig vereinzelt
Vor dem Vereinzeln befeuchten Sie die Erde leicht. Schwächliche Exemplare sondern Sie gleich aus. Die anderen werden mit einem Pikierstab oder einem Bleistift sachte gelockert und angehoben. Ziehen Sie die Pflänzchen vorsichtig heraus und kürzen Sie zu lange Wurzelspitzen ein. Dann setzen Sie die Sämlinge entweder in Schalen oder Kisten bzw. einzeln in Töpfe mit Vermehrungserde, und zwar so tief, dass die Keimblätter ca. 1 cm über der Oberfläche stehen.

121. **Basilikum vorziehen:** Wie ziehe ich Basilikum richtig vor?

Kräuter wie Basilikum, Majoran, Lavendel oder Rosmarin, die eigentlich aus südlicheren Gefilden kommen, benötigen zur Keimung viel Wärme. Da bei uns im Freien oft erst Ende Mai die erforderliche Keimtemperatur erreicht wird, zieht man solche Gewächse am besten auf der Fensterbank oder, sofern vorhanden, im Gewächshaus vor. Die Pflänzchen kommen erst dann nach draußen, wenn das Wetter passt, in der Regel ab Mitte Mai. Auch bei Arten, die eine lange Entwicklungszeit haben, empfiehlt sich dieser Trick. Für die Kultur im Haus eignen sich Minigewächshäuser besonders gut. Das sind sozusagen Anzuchtschalen mit Abdeckhaube, die für ein ausgeglichenes warmes, feuchtes Milieu sorgen. Ziehen Sie mit dem Lineal Saatrillen in die Aussaaterde und streuen Sie die Samen dünn hinein. Danach bedecken Sie die Saat mit ein wenig Erde, befeuchten sie und stülpen den Deckel darüber. Dann stellen Sie das Ganze auf die warme Fensterbank. Viele Arten brauchen zum Keimen eine gleich bleibende Temperatur von ca. 15–20 °C, für Basilikum darf es sogar noch mehr sein. Wichtig ist, dass das Substrat nicht austrocknet. Wenn die Saat aufgelaufen ist, also die Keimblättchen erscheinen, müssen Sie regelmäßig lüften. Das härtet die Sämlinge ab, und außerdem vermeiden Sie dadurch, dass sich Erreger wie Schimmelpilze breitmachen. Wenn die ersten richtigen Blätter erscheinen, wird pikiert (→ Extratipp Seite 109).

> *Durchsichtige Plastikhauben und -folien schaffen ein feuchtwarmes Klima, das das Heranziehen von Jungpflanzen fördert.*

122. Bewurzelung: **Woran erkenne ich, dass meine Stecklinge sich bewurzelt haben?**

Es gibt verschiedene Stecklingsarten. Je nach Herkunft unterscheidet man Kopfstecklinge, Trieb- bzw. Teilstecklinge oder Wurzelstecklinge (→ Frage 143). Aber egal, wie Sie sie gewonnen haben, wichtig ist, dass sie Wurzeln bilden. Um das zu fördern, gibt es ein paar Tricks. Sie können z. B. die Stecklinge in ein spezielles Bewurzelungspulver tauchen, bevor sie in die Erde gesteckt werden. Die darin enthaltenen Hormone bewirken eine raschere Bewurzelung, wie der Name schon sagt. Auch das Überstülpen einer durchsichtigen Plastikfolie ist sehr förderlich, denn sie erzeugt sogenannte gespannte Luft (→ Frage 126). Ein untrügliches Zeichen für eine erfolgreiche Bewurzelung ist der Neuaustrieb. Jetzt können Sie sicher sein, dass aus dem Steckling eine neue Pflanze wird.

123. Dill keimt nicht: **Schon öfter habe ich Dill im Garten ausgesät. Aber noch nie sind kräftige Pflanzen gewachsen, höchstens ein paar spärliche Stängel. Wie bekomme ich üppigen Dill?**

Es gibt ein altes Sprichwort, das sagt: „Dill wächst, wo er will – oder überhaupt nicht." Leider ist die Anzucht von Dill nicht immer erfolgreich, wie Sie selbst erfahren haben. Um nicht auf das Kraut verzichten zu müssen, kaufen Sie am besten ein vorgezogenes Exemplar. Wenn Sie diese gärtnerische Schmach nicht auf sich sitzen lassen möchten, versuchen Sie es mit folgender List: Setzen Sie die gekaufte Pflanze in den Garten und päppeln Sie sie hoch. Wenn sie zu blühen beginnt, schneiden Sie nicht alle Blütenstängel ab, sondern lassen Sie ein paar stehen und Früchte ansetzen. Der Dill samt sich dann nämlich selbst aus und wird im nächsten Jahr auch willig keimen. Die jungen Pflanzen graben Sie aus und setzen sie dorthin, wo Sie sie gerne haben möchten.

124. Estragon vermehren: Wie kann ich meinen hocharomatischen Estragon vermehren, der noch nie Früchte angesetzt hat?

Im Gegensatz zum Russischen Estragon, der über Samen vermehrt werden kann, kommt der Aromatische oder Französische Estragon in unserem Klima nicht zur Blüte: Es ist ihm dafür zu kalt. Sie können ihn jedoch durch Kopfstecklinge (→ Frage 143) oder Wurzelausläufer (→ Frage 133) vermehren. Ältere Exemplare lassen sich auch teilen. Dazu nehmen Sie die Pflanze im Spätherbst oder Frühjahr mit der Grabgabel oder dem Spaten auf. Je nach Größe wird der Wurzelballen einmal oder mehrmals geteilt. Ist er zu fest, nehmen Sie ein scharfes Messer oder den Spaten zu Hilfe. Jedes Stück sollte mindestens faustgroß sein und eine, besser zwei Triebknospen haben. Die Teilstücke pflanzen Sie am besten sofort wieder ein.

125. Exotische Pflanzen: Mich würde sehr interessieren, wie eine Kardamompflanze, Zitronengras oder andere exotische Gewürzpflanzen aussehen. Kann ich das Experiment wagen, sie im Blumentopf zu ziehen?

Das können Sie – vorausgesetzt, Sie haben eine sonnige Fensterbank. Noch besser ist natürlich ein Wintergarten. Vor allem Arten aus tropischen Gefilden, wie Malabar-

EXTRATIPP

Vanille und andere Exoten im Zimmer Gewürzpflanzen, wie Vanille (*Vanilla planifolia*), eine Orchideenart, oder Zimtbaum (*Cinnamomum zeylanicum*), benötigen gleich bleibende Wärme und eine hohe Luftfeuchtigkeit. Unter normalen Zimmerbedingungen gedeihen sie daher kaum. Für eine erfolgreiche Kultur ist ein warmer Wintergarten oder ein geschlossenes Blumenfenster nötig.

Kardamom (*Elettaria cardamomum)* und Zitronengras (*Cymbopogon citratus*), aber auch Balsamstrauch
(*Cedronella canariensis*), Ingwer (*Zingiber officinale*),
Kurkuma (*Curcuma longa*) oder Kaffir-Limette
(*Citrus hystrix*) finden dort ideale Bedingungen. Sie
sorgen nicht nur im Kochtopf für die richtige Würze,
sondern erfüllen auch die Luft mit ihrem besonderen
Aroma. Zudem sind viele der Exoten auch ausgesprochene Schönheiten, sprich: ein Genuss für alle Sinne.

**126. Gespannte Luft: Stecklinge sollen sich in
„gespannter Luft" leichter bewurzeln. Was
bedeutet das?**

Gespannte Luft ist der gärtnerische Ausdruck für mit
Wasserdampf gesättigte Luft. Solch ein Mikroklima
ist besonders gut geeignet, Stecklingen das Anwachsen
zu erleichtern. Triebe und Blätter verdunsten ständig
Wasser. Jedoch können die Pflanzenteile ihren Feuch-
tigkeitsbedarf nicht aus dem Boden decken, denn sie
besitzen ja noch keine Wurzeln. In der Folge würden
sie deshalb rasch austrocknen. Um das zu vermeiden,
stülpt man nach dem Eintopfen und Angießen des
Stecklings eine durchsichtige Folienhaube über das
Gefäß und bindet diese unten zu. Dadurch entsteht
eben die gespannte Luft, welche die Verdunstung
vermindert und die Wurzelbildung fördert.

**127. Keimlinge ziehen: Kann man aus Kräuter-
samen auch essbare Keimlinge ziehen?**

Schon seit etwa dreitausend Jahren spielen essbare
Keimlinge in den ostasiatischen Küchen eine be-
deutende Rolle. Inzwischen erfreuen sie sich auch bei
uns immer größerer Beliebtheit, sind sie doch wahre
Kraftpakete. Im Samenkorn ist alles enthalten, was
eine Pflanze in den ersten Tagen und Wochen zum
Leben braucht. Neben dem genetischen Code für

Aussehen und Eigenschaften sind dies Nährstoffe in Form von Eiweiß, Kohlenhydraten sowie Fetten und daneben auch viele Vitamine, Spurenelemente und Mineralstoffe. Während der Keimung werden diese Vorräte aktiviert und in eine Form gebracht, die der Mensch leicht aufnehmen und verwerten kann, der Vitamingehalt nimmt sogar noch zu. Gerade im Winter bereichern Keimlinge auf gesunde Weise den Speiseplan. Dabei unterscheidet man Keimsprossen, bei denen gerade die ersten Würzelchen und die Triebspitze zu sehen sind, und Grünkraut, das bereits Keimblätter bzw. zarte Laubblättchen besitzt. Für die Verwendung in der Küche eignen sich verschiedene Kräuter und Gemüsearten, die alle ganz unterschiedlich schmecken (→ Tabellen Seite 116/117). Von nussig über süßlich, würzig bis pikant und scharf ist alles dabei. Es bleibt also Ihrem Geschmack überlassen, für was Sie sich entscheiden. Wichtig ist, dass die Samen weder gebeizt noch anders behandelt sind. Am besten greifen Sie auf Bio-Ware zurück. Normales Saatgut ist dagegen ungeeignet.

1 *Keimtürme bieten auf mehreren Etagen Platz für verschiedene Sprossenarten, die man täglich wässern muss.*

2 *Speziell für Kresse gibt es auch verschiedene Behältnisse aus Ton, in denen die Anzucht besonders leicht ist.*

128. Knob-Lauch: Wird Knob-Lauch eigentlich gepflanzt oder gesät?

In warmen Gegenden ist Knob-Lauch mehrjährig. Bei uns muss man ihn jedes Jahr neu stecken. Dazu steckt man einzelne Zehen im April oder im August mit einem Abstand von ca. 15 cm etwa 5 cm tief in den Boden. Daraus wachsen schmale Blätter und im Sommer ein Blütenschaft mit einer kugeligen, weißen Dolde. Die Blüten sind unfruchtbar, deshalb können sich auch keine Samen entwickeln. Stattdessen bilden sich um den Blütenboden kleine Brutzwiebeln. Diese nimmt man ab, wenn der Stängel trocken wird, und lagert sie kühl und trocken bis zum nächsten Pflanztermin. Sobald die Blätter vergilben, graben Sie die Knoblauchzwiebeln aus, lassen sie abtrocknen und lagern sie bis zum Verzehr oder zur Neupflanzung ein.

129. Kresse anziehen: Wie ziehe ich Kresse am besten auf der Fensterbank?

Kresse keimt sehr schnell und ist besonders einfach zu ziehen. Sie lässt sich sogar auf feuchtem Küchenpapier auf einem Teller kultivieren. Beliebt sind auch Kresseigel aus Ton, auf deren abgeflachter Rückenpartie die Pflänzchen das grüne „Stachelkleid" bilden. Einweckgläser sind ebenfalls geeignet, übrigens auch für andere Keimsprossen. Dabei füllen Sie eine dünne Lage Samen ins Glas und bedecken sie mit Wasser. Über die Öffnung geben Sie ein Stück Gaze oder Leinen. Ein- bis zweimal täglich füllen Sie frisches Wasser hinein und gießen es wieder ab. Das gründliche Spülen ist sehr wichtig: Es entfernt Abbaustoffe und verhindert Schimmelbildung. Alternativ gibt es Keimsprossenboxen oder Keimtürme. Letztere haben den Vorteil, dass Sie verschiedene Sprossensorten in Etagen ziehen können. Bei diesem System läuft das Spülwasser aus der obersten Schale über ein Ventil von einer Etage in die nächste und benetzt so die Samen.

KRESSE & CO:

NAME	INFOS ZUR KEIMUNG	BESONDERES
Alfalfa (Luzerne)	Samen nicht einweichen; Keimdauer 6–10 Tage	hoher Proteingehalt, viele Minerale und Vitamine; roh verwenden
Adzukibohne (Rote Sojabohne)	Samen 6–8 Std. einweichen; Keimdauer 4–6 Tage	hoher Proteingehalt, viele Minerale und Vitamine; für Salat, Gemüsepfannen und Suppen
Bockshornklee	Samen 5–6 Std. einweichen; Keimdauer 3–5 Tage	viele Proteine und Minerale, ätherische Öle, Vitamine; für asiatische Reis-, Gemüse- und Nudelgerichte, Salat, Dessert
Brokkoli	Samen 12 Std. einweichen; Keimdauer 3–4 Tage	Proteine, Minerale, viele Vitamine; sollen gegen Krebs wirken; schmeckt scharf, deshalb nur sparsam roh verwenden
Buchweizen	Samen nicht einweichen; Keimdauer 2 Tage; Samenhülsen schwimmen beim Wässern obenauf und sollten entfernt werden	viele Minerale und Vitamine, Proteine; roh oder in Gemüse
Kresse	Samen 4–5 Std. einweichen; Keimdauer 5–6 Tage	Senföle, ätherische Öle; Minerale, Proteine; am besten roh in Salaten oder über Gemüse gestreut
Kichererbsen	Samen 6–12 Std. einweichen; Keimdauer 2–4 Tage	Proteine, Minerale, Vitamine; kurz braten oder dünsten, Suppen, Gemüse, Getreidegerichte, orientalische Pfannengerichte
Linsen	Samen 6–12 Std. einweichen; Keimdauer 4–6 Tage	Minerale, Vitamine, viele Proteine; für Gemüsesalate, Suppen, Eintöpfe

KEIMSPROSSEN UND GRÜNKRAUT

NAME	INFOS ZUR KEIMUNG	BESONDERES
Mung-bohnen (grüne Sojaboh-nen)	Samen 6–12 Std. einweichen; Keim-dauer 4–6 Tage	Minerale, Vitamine, viele Proteine; roh oder kurz gebraten und geschmort für Gemüse, asiatische Pfannengerichte
Radieschen	Samen 4–5 Std. einweichen; Keim-dauer 5–6 Tage	Senföle, viele Vitamine, Proteine; roh in Salaten oder auf Brot, kurz gebraten oder ge-schmort im Gemüse und als Dekoration
Rettich	Samen 4–5 Std. einweichen; Keim-dauer 5–6 Tage	Senföle, viele Vitamine, Proteine; roh in Sala-ten, auf Broten, in Quarkspeisen, als Dekoration in Suppen oder Gemüse
Rote Bete	Samen 6–12 Std. einweichen; Keim-dauer 4–6 Tage	Vitamine, Proteine, Minerale; roh im Salat, kurz gebraten oder geschmort in Gemüse-, Fisch- sowie in Fleisch-gerichten
Rucola	Samen nicht ein-weichen; Keimdauer 10–12 Tage	Senföle, Vitamine, Proteine; roh im Salat oder zur Verfeinerung von Gemüse-, Reis- oder Nudelgerichten
Senf	Samen 4–5 Std. einweichen; Keim-dauer 3–5 Tage	Senföle, ätherische Öle, viele Minerale, Vitamine; roh in Sala-ten, auf Brot, in Quark, Kräutersoßen und Dips
Weizen	Samen 6–12 Std. einweichen; Keim-dauer 3–4 Tage; die Keimlinge bald verwenden, da sich der Geschmack rasch verliert	enthält viele Proteine, Minerale und Vitamine; roh in Salaten, auf Brot, geschmort in Pfannengerichten

130. Kümmel geht nicht auf: Warum geht die Kümmelsaat nur so spärlich auf?

Vermutlich haben Sie die Samen zu tief gesetzt. Während für viele Samen die Lichtverhältnisse bei der Keimung egal sind, gibt es Arten, die nur bei ausreichender Helligkeit aus der Samenruhe geweckt werden. Man bezeichnet sie deshalb als Lichtkeimer. Hierzu gehören neben Kümmel auch Basilikum, Baldrian, Bohnenkraut, Estragon, Majoran, Kamille, Thymian oder Ysop. Ihre Samen dürfen nach der Aussaat gar nicht oder nur ganz leicht mit Erde bedeckt werden.

131. Meerrettich vermehren: Wie genau wird Meerrettich vermehrt?

Meerrettich wird über sogenannte Fechser vermehrt. Mit diesen dicken Seitenwurzeln kann man nämlich auf einfache Weise Nachkommen produzieren. Dazu nehmen Sie die Pflanze im Frühjahr oder Herbst aus dem Boden, legen die Wurzeln frei und trennen davon kräftige Seitenwurzeln ab. Damit Sie sie später richtig einpflanzen, schneiden Sie das obere Ende gerade und das untere schräg an. Die fingerdicken, etwa 20–30 cm langen Stücke setzen Sie am besten gleich wieder ein, und zwar leicht schräg in einen Graben, den Sie vorher schon

> **INFO**
>
> **Dunkelkeimer**
> Neben Lichtkeimern (→ Frage 130) gibt es auch Dunkelkeimer, deren Samen nur bei völliger Dunkelheit keimen, wie Borretsch, Pimpinelle oder Sauerampfer. Sie müssen mehrere Zentimeter mit Erde bedeckt werden. Beachten Sie die Angaben auf der Samentüte: Manchmal verhalten sich schon die verschiedenen Sorten innerhalb einer Art unterschiedlich.

ausgehoben haben. Die Fechser sollten knapp unter der Oberfläche liegen. Dann wird mit Erde zugedeckt und angegossen. Über Wurzelstücke lassen sich auch Liebstöckel, Alant oder Beinwell vermehren.

132. Petersilie keimt nicht: Warum keimt meine Petersilie nicht?

Das kann verschiedene Ursachen haben. Vielleicht ist Ihr Saatgut zu alt. Petersiliensamen haben nämlich bereits nach einem Jahr sehr viel von ihrer Keimkraft verloren. Sie brauchen ohnehin relativ lange, bis sie keimen. Es können schon bis zu fünf Wochen vergehen, ehe die ersten Blättchen erscheinen. Allerdings lässt sich der Vorgang um einiges beschleunigen, indem man die Samen über Nacht zum Vorkeimen in lauwarmes Wasser legt. Dann breitet man sie kurz zum Antrocknen auf Küchenpapier und sät anschließend sofort aus. Zudem gehört Petersilie zu den Pflanzen, die mit sich selbst und anderen eng verwandten Gattungen und Arten unverträglich sind. Das bedeutet, dass Sie sie jedes Jahr an eine andere Stelle säen müssen, sonst keimt sie nicht. Frühestens nach drei Jahren können Sie Petersilie wieder am selben Platz anpflanzen. Diese Wartezeit gilt auch nach anderen Doldenblütlern wie Dill oder Fenchel.

133. Pfeffer-Minze: Kann ich Pfeffer-Minze auch selbst aus Samen ziehen?

Die Echte Pfeffer-Minze oder Edel-Minze (*Mentha × piperita*) ist eine Hybride, d. h. eine Kreuzung aus verschiedenen Arten. Sie treibt hübsche Blüten, aus denen sich aber keine Früchte entwickeln. Deshalb können Sie sie nur vegetativ vermehren. Am leichtesten geht dies durch Wurzelausläufer, die reichlich gebildet werden und die man im Frühjahr oder Herbst abtrennt und wieder einpflanzt (→ Frage 117).

Polei-Minze ist eine attraktive Duftpflanze, für den Verzehr ist sie wegen ihrer Giftigkeit jedoch nicht geeignet.

Von anderen Minzearten, z. B. Grüne Minze (*Mentha spicata*), Wasser-Minze (*Mentha aquatica*) und Apfel-Minze (*Mentha × rotundifolia*), gibt es Saatgut. Vorsicht bei der Polei-Minze (*Mentha pulegium*)! Die Pflanze hat zwar leuchtend grüne Blätter, hübsche rosa bis zartlila Blüten und ein intensives Pfefferminz-aroma. Leider enthält sie das hochgiftige Pulegon, das bei Einnahme vor allem die Leber schädigt und in hohen Dosen tödlich ist.

134. Saatgut lagern: Wie bewahre ich Samen von Kräutern am besten auf?

Samen müssen generell trocken gelagert werden. Kommen sie nämlich mit Feuchtigkeit in Berührung, fangen sie an zu quellen, und wenn auch noch die Temperatur stimmt, wird die Keimung in Gang gesetzt. Haben Sie selbst Samen von Ihren eigenen Pflanzen geerntet (→ Frage 139), sollten Sie das Saatgut zuerst gründlich trocknen. Dazu lagern Sie es einige Tage bei möglichst niedriger Luftfeuchtigkeit und Temperaturen von 20–25 °C. Geben Sie die Samen dann in mit Namen und Datum beschriftete Papiertüten. Bewahren Sie diese in gut verschließbaren, dunklen Schraubgläsern an einem kühlen, dunklen und trockenen Ort auf. Je nach Art behalten sie so ihre Keimfähigkeit ein bis mehrere Jahre. Gekauftes Saatgut wird oft in Keimschutzpackungen aus beschichtetem Material angeboten, das vor Feuchtigkeit und Licht schützt. Auf der Packung finden Sie neben allen anderen wichtigen Informationen zur

Kultur auch das Verfallsdatum. Nur bis zu diesem Zeitpunkt haben Sie die Garantie, dass 75–90 % der Samen auch aufgehen, also noch ihre Keimfähigkeit besitzen. Nach Überschreiten sinkt die Keimrate, d. h. der Prozentsatz der Samen, die noch keimen, oft ganz erheblich. Als Faustregel gilt: Solange Samen noch duften, sind sie auch keimfähig.

135. Säen in Reihen: Muss ich Kräutersamen in ordentlichen Reihen oder breitwürfig säen?

Die meisten Kräutersamen werden besser in Reihen gezogen (→ Frage 118). Das hat den Vorteil, dass man die Ansprüche der einzelnen Arten und Sorten bezüglich Aussaatzeitpunkt, Tiefe der Rillen, Abstand der Pflanzen zueinander, gute oder schlechte Partner und dergleichen von Anfang an berücksichtigen kann. Die zur Verfügung stehende Fläche lässt sich zudem viel besser ausnutzen, und Sie bewahren auch leichter den Überblick, da die Kennzeichnung der Saatrillen einfacher und übersichtlicher ist. Das breitwürfige Säen ist bei den meisten Kräutern im Garten eher ungewöhnlich. Nur für einige Arten, die sehr feine Samen besitzen, etwa Bohnenkraut oder Königskerze, eignet sich diese Methode. Sie heißt übrigens so, weil die Samen mit Schwung über eine Fläche breit hingeworfen werden. Aber auch hier müssen Sie die Saat hinterher mit Erde bedecken, es sei denn, es handelt sich um Lichtkeimer (→ Frage 136, Info Seite 118).

136. Samen abdecken: Wie hoch müssen Samen eigentlich mit Aussaaterde abgedeckt werden?

Als Faustregel gilt, dass die Saat etwa doppelt so hoch mit Erde bedeckt wird, wie der Same groß ist. Ausnahmen bilden Licht- und Dunkelkeimer die man entweder gar nicht oder nur dünn mit Erde bestäubt oder aber tiefer in die Erde steckt (→ Info Seite 118).

137. Samen angießen: Wenn ich die gleichmäßig in der Schale ausgebrachten Samen angieße, verschwemmt es sie, und sie liegen nicht mehr im richtigen Abstand. Wie verhindere ich das? **?**

Verwenden Sie beim Angießen keine große Gießkanne mit scharfem Strahl, sondern lieber eine kleine, leichte Kanne mit feiner Brause, dann können Sie besser dosieren. Haben Sie nur eine kleine Fläche zu versorgen, greifen Sie am besten auf eine Sprühflasche zurück. Damit lässt sich das Wasser besonders fein verteilen. Es erfordert so zwar etwas mehr Zeit, bis die Erde gründlich durchfeuchtet ist, aber dafür bleiben die Samen an Ort und Stelle. Wichtig ist, dass die Erde niemals austrocknet. Deshalb müssen Sie täglich gießen oder sprühen, auch nach dem Auflaufen der Saat. Dabei lieber seltener und dafür gründlich als häufig und immer nur ein bisschen wässern.

138. Samen der Kälte aussetzen: Bei einer Samenbörse habe ich Samen von der Süßdolde eingetauscht. Dabei erklärte man mir, ich müsse sie der Kälte aussetzen, damit sie keimen. Was bedeutet das?

Jede Pflanze hat in ihrem genetischen Plan festgelegt, welche Mindesttemperatur zum Keimen nötig ist. Da viele unserer Kräuter aus wärmeren Gegenden stammen, brauchen sie meist auch zur

EXTRATIPP

Samen erst in Kamillentee legen
Kamillentee entfaltet bei anderen Pflanzen eine keimtötende Wirkung. Legt man die Samen ca. 15 Minuten in den abgekühlten Sud, wird nicht nur die Keimung beschleunigt. Die Inhaltsstoffe beseitigen auch Pilzsporen, z. B. die Erreger der gefürchteten Umfallkrankheiten bei Keimlingen. Das Saatgut wird also milde gebeizt.

Keimung entsprechend hohe Temperaturen. Es gibt jedoch auch Arten, deren Samen Kälte (Kaltkeimer) oder gar Frost (Frostkeimer) erfahren müssen, damit sie zum Leben erwachen. Vor allem Pflanzen, die in kühleren Regionen oder im Hochgebirge heimisch sind, wie Süßdolde (*Myrrhis odorata*), Echte Engelwurz (*Angelica archangelica*) oder Schlüsselblume (*Primula elatior* ssp. *elatior*) gehören dazu. Man sät sie deshalb bereits im Herbst ins Freiland oder lässt das Anzuchtgefäß über den Winter draußen, nachdem die Samen zuerst im Warmen vorgequollen sind. Sie können die Saatschalen nach dem Vorkeimen auch einfach für fünf bis sechs Wochen in den Kühlschrank stellen und dann weiterkultivieren. Dieses Brechen der Samenruhe bezeichnet man als Stratifikation.

139. Samen im eigenen Garten ernten: Ich möchte nicht jährlich neues Saatgut kaufen. Kann ich auch von meinen Kräutern im Garten selbst Samen ernten?

Können Sie. Sie müssen nur den richtigen Zeitpunkt abwarten. Samen werden vollreif geerntet, bevor sie von selbst abfallen, wenn sie braun und von einer trockenen Hülle umgeben sind. Machen Sie den Test: Geben die Körner z. B. von Dill oder Koriander dem Druck des Fingernagels nach, sind sie noch nicht reif.

140. Schnitt-Lauch im Winter: Wie kann ich im Winter auf der Fensterbank frischen Schnitt-Lauch ziehen?

Stechen Sie im Herbst faustgroße Stücke von einem Horst Schnitt-Lauch ab und topfen Sie sie ein. Lassen Sie die Töpfe draußen, bis sie richtig durchgefroren sind. Dann holen Sie die Pflanzen ins Haus, schneiden sie an der Erdoberfläche ab und stellen sie am Fenster auf. In der Wärme treiben bald die neuen Halme.

Saatscheiben werden in die Töpfe gelegt und mit Erde bedeckt; die Samen sind im richtigen Abstand fixiert.

141. Selber ziehen: Ist es besser, Kräuter aus Samen zu ziehen oder gleich fertige Pflanzen in Töpfen zu kaufen?

Natürlich ist es einfacher, bereits vorgezogene Exemplare in Töpfen zu kaufen. Das erspart erstens Arbeit, und zweitens kommen Sie schneller in den Genuss frischer Würze. Besonders bei Arten, die schwer keimen oder eine lange Kulturdauer haben, ist das empfehlenswert. Ungewöhnliche Sorten und Raritäten muss man im Allgemeinen selbst ziehen. Das Saatgut wird dabei meist in Keimschutzverpackungen angeboten (→ Frage 134). Bequemer geht es mit Saatbändern, die es von einigen Kräutern zu kaufen gibt. Die Samen sind bereits im richtigen Abstand zueinander zwischen zwei Lagen Zellstoff fixiert. Die Bänder werden einfach in die Saatrille gelegt und mit Erde bedeckt – fertig. Der Zellstoff löst sich langsam auf, und Sie ersparen sich das Vereinzeln. Für runde Töpfe nimmt man Saatscheiben, die genauso funktionieren.

142. Spontane Ansiedlung: Welche Kräuter siedeln sich von selbst im Garten an?

Das sind vor allem heimische Wildkräuter. Löwenzahn, Gänseblümchen, Gundermann oder Giersch sind jedem Gartenbesitzer bekannt. Oft sind sie irgendwann einfach da. Vor allem Samen von Arten, die über den Wind verbreitet werden, können große Strecken zurücklegen und siedeln sich im Garten an, wenn ihnen die Bedingungen zusagen. Leider besitzen manche einen ganz erheblichen Ausbreitungsdrang, wenn sie erst einmal Fuß gefasst haben.

143. Stecklinge vom Rosmarin: Wie vermehre ich meinen Rosmarin über Stecklinge?

Das geht am besten mit Kopfstecklingen. Schneiden Sie von einer gesunden, nicht blühenden Pflanze ca. 10 cm lange, noch weiche Triebspitzen mit einem scharfen Messer unterhalb eines Blattansatzes schräg ab. Die unteren Blätter entfernen und die Schnittstellen in Bewurzelungspulver tauchen, das beschleunigt das Anwachsen. Der Steckling kommt bis zur Hälfte in einen Topf mit Vermehrungserde. Leicht andrücken und vorsichtig angießen. Stecken Sie zwei Holzstäbchen oder Drahtbügel hinein, stülpen Sie eine durchsichtige Plastikfolie darüber und binden Sie diese unten fest. In dieser Atmosphäre gespannter Luft bewurzelt der Steckling leichter (→ Frage 126). Diese Methode klappt auch bei anderen ganz oder teilweise verholzenden Arten wie Lavendel, Salbei oder Aromatischem Estragon. Von einigen Pflanzen, wie Lorbeer oder Balsamstrauch, können Sie zudem Trieb- oder Teilstecklinge bewurzeln. Dazu schneiden Sie nicht die Spitze, sondern grüne, schon leicht verholzte Stücke mit jeweils einem oder zwei Blattpaaren und einem Stängelstück darüber und darunter. Schneiden Sie oben gerade und unten schräg ab und verfahren Sie damit wie oben beschrieben.

144. Teilen: Welche Kräuter kann ich durch Teilen vermehren?

Kräuter, die einen kräftigen Wurzelstock besitzen, wie Schnitt-Lauch, Estragon, Melisse oder Frauenmantel, kann man einfach durch Teilen vermehren. Dabei werden sie gleichzeitig auch verjüngt (→ Frage 124).

Mit Kräutern gestalten

Duftende Oasen voller würziger Kräuter können Sie im Garten, auf dem Balkon oder der Fensterbank anlegen. Mit unseren Tipps im folgenden Kapitel gelingt es Ihnen spielend leicht, Kräuter schwungvoll in Szene zu setzen.

145. Anlage eines Kräuterbeetes: Was muss ich bei der Anlage meiner Kräuterbeete beachten, damit ich später bequem ernten kann?

Während die Form der Kräuterbeete – rechteckig, oval oder rund – ganz Ihrem persönlichen Geschmack überlassen bleibt, sollte jede Stelle im Beet vom Rand her leicht erreichbar sein. Planen Sie die Beete daher nicht breiter als 2 m, wenn Sie von beiden Seiten daran gelangen, und maximal 1 m breit, wenn das Beet z. B. vor einer Hecke oder Mauer liegt. Legen Sie rundum bzw. zumindest auf einer Seite feste Wege an, die Sie bei jedem Wetter sicher und sauber zur Ernte beschreiten können. Breitere Beete machen Sie mit Trittplatten oder schmalen Stegen „begehbar".

146. Balkon mit Kräutern: Uns steht nur ein Balkon zur Verfügung. Müssen wir zugunsten der Kräuter auf bunte Balkonblumen verzichten?

Keineswegs müssen Sie verzichten: Kombinieren Sie beides! Kräuter mit ihrem eher zurückhaltenden Charme und ihrer schlichten Eleganz ergänzen die farbenfrohe Balkonblumenfülle auf das Schönste. Nutzen Sie die Blattfärbungen bei Kräutern aus, um die bunten Blüten der Balkonblumen zu unterstreichen. Silbrige Kräuter wie Currystrauch (*Helichrysum italicum* ssp. *serotinum*) fügen sich überall ein, genauso krausblättrige Petersilie (*Petroselinum crispum*). Rot- und blaulaubige Pflanzen, wie verschiedene

Zwischen Balkonblumen findet sich immer Platz für Kräuter. Symmetrisch im Kasten verteilt, wirkt die Pflanzung anmutig.

Salbei- (*Salvia*) oder Basilikumarten (*Ocimum*), bilden mit rosa, rot, blau oder lila getönten Blumen einzigartige Ensembles. Anmutige Paarungen ergeben sich mit frischgrünem Majoran (*Origanum majorana*) zu weißen Kapkörbchen (*Dimorphotheca*), goldblättrigem Majoran (*Origanum onites* 'Aureum') zu gelbem Mittagsgold (*Gazania*) oder Diptam-Dost (*Origanum dictamnus*) zu rosa Nelken (*Dianthus*).

147. Bauerngarten: **Wir planen einen Bauern-garten nach traditionellem Vorbild. Welche Rolle spielen dabei Kräuter?**

Ein Bauerngarten ohne Kräuter ist schlichtweg undenkbar. Nicht nur Traditionen sprechen dafür, denn Kräuter wurden von Anbeginn in ländlichen Nutzgärten gezogen, sondern auch ganz praktische Gründe. Mit Kräutern hatten die Bäuerinnen jederzeit Küchenwürze und Heilmittel zur Hand. Die bunte Vielfalt von Gemüse und Kräutern bietet vielen Nützlingen einen Lebensraum, sodass Schädlinge und Krankheiten kaum zu Plagen werden. Und nicht zuletzt sind Kräuter auch Zierpflanzen. Nachdem im Bauerngarten meist wenig Platz war, hieß es Nützliches mit dem Schönen verbinden – und genau dies können Kräuter in besonderer Weise. Denken Sie an Ringelblumen (*Calendula officinalis*): Sie bieten farbenfrohe Blüten und sind schnell zu einer Salbe für allerlei Wehwehchen zu verarbeiten. Liebstöckel (*Levisticum officinale*) liefert nicht nur kräftige Suppenwürze, sondern ist dank seiner stattlichen Gestalt auch ein absoluter Hingucker im Beet. Setzen Sie also in Ihrem Bauerngarten möglichst viele Kräuter ein. Dies kann bei der Beetumrandung beginnen: Hier eignen sich statt des klassischen Buchsbaums (*Buxus sempervirens*) auch Schnitt Lauch (*Allium schoenoprasum*) oder schnittverträgliches Heiligenkraut (*Santolina chamaecyparissus*). Setzen Sie markante Blickpunkte mit großen Kräutern wie Stockrosen (*Alcea*

BEETEINFASSUNG AUS MINIHECKEN

EBERRAUTE (*Artemisia abrotanum*)
wintergrün, filigrane Blätter, duftet nach Zitrone
oder Kampfer; hält Schädlinge fern; sonnig, warm
und geschützt, humose, kalkhaltige Böden

WERMUT (*Artemisia absinthium*)
dichtbuschig, silbergraue, gefiederte Blätter,
moschusartig duftend; hält Schädlinge ab; sonnig
und warm, trockene, sandige Böden

YSOP (*Hyssopus officinalis* ssp. *officinalis*)
wintergrün, linealische Blättchen, herb-würzig
duftend; sonnig, durchlässige, humose, kalkhaltige
und eher trockene Böden

MAJORAN (*Origanum majorana*)
kurzlebig, leicht klebrige, eiförmige Blättchen,
würzig duftend; sonnig, leichte, gut durchlässige,
nahrhafte Böden

WEIN-RAUTE (*Ruta graveolens*)
immergrün, graugrüne, gefiederte Blätter mit
eigenartiger Gestalt, herb-aromatischer Duft;
sonnig, durchlässige und humusreiche Böden

HEILIGENKRAUT (*Santolina chamaecyparissus*)
immergrün, silbergraue, fiederschnittige Blätter,
aromatisch duftend; sonnig, warm und geschützt,
durchlässige, trockene Böden

BOHNENKRAUT (*Satureja montana* ssp. *montana*)
oft wintergrün, linealische, dunkelgrüne Blätter,
pfeffriger Duft; sonnig und warm, leichte, durchlässige, nährstoffarme Böden

rosea) oder Echter Engelwurz (*Angelica archangelica*). Dazu kommen würzige wie heilkräftige Arten sowie Tee-, Spinat- und Salatkräuter, z. B. Indianernessel (*Monarda*), Tellerkraut (*Montia perfoliata*) und Guter Heinrich (*Chenopodium bonus-henricus*).

148. Beeteinfassung: **Mein Kräuterbeet soll eine hübsche Umrandung erhalten. Was gibt es da für Möglichkeiten?**

Sie können Kräuterbeete sozusagen mit einer lebendigen Bordüre aus schnittverträglichen Pflanzen einfassen. Dafür kommen nicht nur Sträucher wie Buchsbaum (*Buxus sempervirens*) infrage, sondern auch Kräuter selbst: Sorten des Gewürz-Salbeis (*Salvia officinalis)* und viele weitere, in wintermilden Regionen auch Lavendel (*Lavandula*-Arten) und Rosmarin (*Rosmarinus officinalis*). Selbst Petersilie (*Petroselinum crispum*) und Basilikum (*Ocimum basilicum*) eignen sich. Um ihrer Funktion als Miniatur-Hecke gerecht zu bleiben, müssen die Kräuter regelmäßig in Form getrimmt werden. Einfassungen aus Holz, Metall oder Stein bieten weitere Alternativen, z. B. Blockbohlen, Palisaden oder Planken aus Holz, kleine Flechtzäune aus Weidenruten, Ziegel, Klinker, Betonelemente, große Flusskiesel, Steckelemente aus Gusseisen oder Edelstahlbleche. Und selbst aus Glasflaschen, die umgedreht reihenweise in den Boden gesteckt werden, lässt sich eine ungewöhnliche Beetumrandung fertigen.

149. Beeteinteilung: **In unserem Landhausgarten soll ein Kräutergarten entstehen. Wie verfahren wir am besten bei der Beeteinteilung?**

Zunächst sollten Sie den sonnigsten und wärmsten Platz in Ihrem Garten für die Kräuter reservieren, denn die meisten sind ausgesprochen sonnenhungrig und wärmebedürftig. Dabei sind ebene Bereiche ebenso geeignet wie Südhänge. Steile Hanglagen sollten Sie allerdings mit Mäuerchen abfangen oder mit Terrassen versehen. Randbereiche des Kräutergärtchens dürfen auch einmal im Halbschatten liegen, etwa unter einer Baumkrone. Dort lassen sich dann Kräuter wie Waldmeister (*Galium odoratum*) oder Engelwurz (*Angelica archangelica*) ziehen. Um einen 4-Personen-Haushalt laufend mit frischer Küchenwürze zu versorgen, reichen bereits zwei Quadratmeter Fläche aus, dort kommen gut und gerne rund 20 Pflanzen unter. Wollen Sie allerdings auch Heilkräuter, Teekräuter und weitere Spezialitäten ziehen, sollten Sie 20 Quadratmeter bereitstellen. Unterteilen Sie die Fläche dann in Beete mit unterschiedlichen Bodenqualitäten. So können Sie nährstoffbedürftige Kräuter in ihrem Quartier mit humusreichem Untergrund gut düngen, ohne die Arten zu beeinträchtigen, die eher kargen Boden bevorzugen.

150. Blütenreiche Gestaltung: In unserem Kräutergarten soll es vom Frühjahr bis zum Herbst üppig blühen. Müssen wir dazu eigens Blütenstauden zwischen die Kräuter pflanzen?

Prächtige Blütenstauden wirken zwar immer gut zwischen Kräutern, aber auch unter Kräutern finden Sie eine Vielzahl von Arten mit üppigem, farbenfrohem und vor allem auch lang anhaltendem Flor. Schon zeitig im Frühjahr öffnen Schlüsselblume (*Primula*) und Duft-Veilchen (*Viola odorata*) ihre Blüten. Nahezu den ganzen Sommer über blühen besonders auffällig beispielsweise Stockrosen (*Alcea rosea*), Färber-Hundskamille (*Anthemis tinctoria*), Ringelblume (*Calendula officinalis*), Königskerzen (*Verbascum*), Färber-Distel (*Carthamus tinctorius*), Schmalblättriger Scheinsonnenhut (*Echinacea angustifolia*), Malven (*Malva*), Echter Alant (*Inula helenium*) oder Koreanische Minze (*Agastache rugosa*). Neben hübschen

Blüten bilden viele Kräuter attraktive Fruchtstände, etwa Garten-Fuchsschwanz (*Amaranthus caudatus*) oder Dill (*Anethum graveolens*). Der bunte Schmuck lässt sich damit bis tief in den Herbst ausdehnen.

151. Duftkräuter: Wie bringe ich den Duft von Kräutern optimal zur Geltung?

Blattdufter wie Zitronen-Melisse (*Melissa officinalis*), Minzen (*Mentha*) oder Duft-Pelargonien (*Pelargonium*) können Sie gut mit Lavendel (*Lavandula*) oder Indianernessel (*Monarda*) kombinieren, bei denen vorwiegend die Blüten duften. So stören sich die Düfte gegenseitig nicht, denn Sie erwecken diese sozusagen erst nach Ihrem Belieben. Mit Nachtviole (*Hesperis matronalis*) und Nachtkerze (*Oenothera*) hauchen Sie auch dem späten Abend balsamische Düfte ein. Vermeiden Sie, zu viele verschiedene Düfte hinzuzufügen: Das Parfüm könnte insgesamt zu schwer werden und die einzelnen Nuancen verloren gehen. Ihren Lieblingsduft haben Sie immer um sich, wenn Sie das betreffende Kraut in einem Gefäß am Sitzplatz aufstellen. Damit Kräuter ihre Aromen optimal ausbilden, müssen sie am richtigen Standort stehen. In der Regel duften sie umso intensiver, je karger der Boden und je wärmer und sonniger der Ort ist, wo sie wachsen.

> **INFO**
>
> **Die Blattdufter**
> Viele Kräuter lagern Duftstoffe in speziellen Drüsen auf den Blättern ein. Doch erst wenn man die Blätter berührt, ein kräftiger Windzug darüberstreicht oder es sehr warm ist, öffnen sich diese Drüsen und setzen die Aromen frei. Oft helfen viele feine Härchen auf den Blattoberflächen, den Duft zu verteilen. Den Kräutern dienen ätherische Öle vor allem als Fraßschutz.

FARBIGE KRÄUTER FÜRS BEET

GLETSCHER-EDELRAUTE (*Artemisia glacialis*)
Kaum ein anderes Kraut zeigt so elegant silbrige, seidig behaarte, filigran zerteilte Blätter, die in buschigen Rosetten stehen.

HOUTTUYNIE (*Houttuynia cordata*)
An kriechenden roten Stängeln sitzen herzförmige, zitronig bis korianderartig duftende Blätter, die dunkelgrün, cremeweiß und rötlich gescheckt sind.

INGWER-MINZE (*Mentha gentilis* 'Variegata')
Diese dichtbuschige Minze überzeugt mit fein gezähnten Blättern, die hellgelb bis cremefarben gefleckt sind und nach Eau de Cologne duften.

ROTES BASILIKUM (*O. basilicum* 'Purple Ruffles')
Leuchtend weinrot präsentiert sich das dichtbuschige Basilikum, das in einem vorwiegend grünen Kräuterbeet alle Blicke auf sich zieht.

ROTER SHISO (*Perilla frutescens* var. *frutescens*)
Die großen Blätter der auch Schwarznessel genannten Pflanze leuchten weithin braunrot, manchmal sogar schwarzrot.

DREIFARBIGER SALBEI (*Salvia officinalis* 'Tricolor')
Die eiförmigen Blätter dieser beliebten Salbei-Sorte mit graugrünem Grundton sind mit weißen Rändern und lila bis rosafarbenen Tupfen gezeichnet.

ZITRONEN-THYMIAN (*Thymus × citriodorus*)
Zierliche Blättchen in dunklem Grün tragen einen feinen Rand in Silberweiß oder Gold; damit belebt der kleine Busch Kästen, Kübel und Beete.

152. Farbe fürs Beet: **Kann ich mit Kräutern ein farbenfrohes Beet gestalten?**

Allein die Blätter der Kräuter bieten eine überwältigende Farbpalette, nicht nur in Grüntönen, sondern von Blau über Rot und Violett bis hin zu Dunkelrot und Silbergrau. Schon dadurch wird eine Kräutergemeinschaft sehr abwechslungsreich. Den von Natur aus graugrünen Gewürz-Salbei (*Salvia officinalis*) etwa gibt es vielen buntlaubigen Sorten. Hinzu kommen Spielarten mit mehrfarbig gemusterten Blättern, etwa weißgrün oder auch grün mit weißem Rand und violetten Flecken. Die Blüten setzen zusätzliche Kontraste in dunklem Blauviolett, zartem Wasserblau oder auch rosalila Tönen. Dehnt man dieses Beispiel auf die große Kräuterwelt aus, so können damit erstaunlich vielfarbige Bilder in Beeten entstehen – ganz ohne Zierstauden und Sommerblumen.

153. Farben kombinieren: **Unsere Gartenbepflanzung ist vorwiegend in den Farben Blau und Violett. Welche Kräuter passen hier gut dazu?**

Legen Sie Wert auf eine elegante Ausstrahlung, so sind grau- und silberlaubige Kräuter eine ideale Ergänzung. Gewürz-Salbei (*Salvia officinalis*), Heiligenkraut (*Santolina chamaecyparissus*) oder auch manche Minzearten (*Mentha*) mit grauem Laub bringen Blau und Violett zum Leuchten. Ähnliche Effekte erzielen weiße Blüten von Süßdolde (*Myrrhis odorata*) oder Schafgarbe (*Achillea millefolium* ssp. *millefolium*). Mit violett blühendem und silbergrau belaubtem Lavendel (*Lavandula*) gelingt dies sogar doppelt gut. Eher romantisch wird es, wenn Sie rosa blühende Kräuter wie Malven (*Malva*) oder Oregano (*Origanum vulgare*) dazwischensetzen. Gelb blühende Kräuter, wie Johanniskraut (*Hypericum perforatum*), oder Arten mit gelbbunten Blättern, wie Gold-Majoran (*Origanum onites* 'Aureum'), bringen reizvolle

Kontraste. Sehr hübsch wirkt immer Frauenmantel (*Alchemilla xanthochlora*) dank seiner frischgrünen Blätter und den gelbgrünen Blüten.

154. Formen und Farben: **Es macht mir Freude, Pflanzen möglichst spannungsreich zu kombinieren, schöne Kontraste in Formen, Farben und Texturen zu erzielen. Gibt es Kräuter, mit denen ich aufregende Akzente setzen kann?**

Aus dem Rahmen fällt z. B. die Wein-Raute (*Ruta graveolens*). Graugrüne Blätter mit ungewöhnlicher Form, dazu goldgelbe Blüten heben sich stets gut ab. Durch blaugrüne Röhrenblätter und kugelige Blütenstände fallen Zwiebelgewächse wie Winterheckzwiebel (*Allium fistulosum*) ins Auge. Eigenwillig und daher auffällig zeigen sich Benediktenkraut (*Cnicus benedictus*) oder Mariendistel (*Silybium marianum*). Allein durch ihre Größe dominieren Königskerzen (*Verbascum*) oder Echte Engelwurz (*Angelica archangelica*).

155. Gestalten mal anders: **Ich habe keinen Platz im Garten für ein extra Kräuterbeet. Wohin kann ich Kräuter sonst noch pflanzen?**

Kräuter finden überall Platz, mitten unter Zierstauden, zwischen Gemüse und selbst in der Wiese – und machen überall eine gute Figur. Küchenkräuter wie Schnitt-Lauch (*Allium schoenoprasum*) und Peter-

Steine wirken ähnlich wie eine Wärmflasche: Sie schützen empfindliche Pflanzen vor allem nachts vor allzu viel Kälte.

silie (*Petroselinum crispum*) lassen sich in bunte Blumenrabatten integrieren wie unter Kohl und Möhren, ebenso viele andere Kräuter. Mittelmeerkräuter wie Lavendel (*Lavandula*) und Rosmarin (*Rosmarinus officinalis*) können sie auch gut zu Rosen setzen, achten Sie nur darauf, den Boden für sie etwas mit Sand oder Kies abzumagern. An sonnigen Stellen vor Hecken gedeihen

Im Staudenbeet oder der Rabatte lassen silberlaubige und dunkelgrüne Kräuter Blumen richtiggehend aufleuchten.

Oregano (*Origanum vulgare*) oder Johanniskraut (*Hypericum perforatum*). In lückigen Rasenflächen oder Blumenwiesen können Sie Schafgarbe (*Achillea millefolium* ssp. *millefolium*) oder Wundklee (*Anthyllis vulneraria*) ansiedeln, am Gewässerrand Brunnenkresse (*Nasturtium officinale*) oder Wiesenknöterich (*Bistorta officinalis* ssp. *officinalis*) und im Steingarten Thymian (*Thymus*) oder Sommer-Bohnenkraut (*Satureja hortensis*). Schließlich bleibt noch die Kultur in Kübeln und Kästen auf Balkon und Terrasse.

156. Gestaltung nach formalen Regeln: Von unserem Balkon fällt der Blick direkt auf den Kräutergartenbereich. Wie kann ich den Abschnitt besonders attraktiv anlegen, damit er von oben gesehen wie ein Ornament wirkt?

Wählen Sie eine geometrische Beetform, beispielsweise ein Quadrat, ein Rechteck oder ein Oval. Unterteilen Sie dieses in gleichmäßige Einheiten, z. B. vier kleinere Quadrate. Um deren Formen hervorzuheben, fassen Sie die Beeteinheiten mit niedrigen Hecken oder Umrandungen ein. Bepflanzen Sie die Beeteinheiten dann spiegelbildlich mit denselben Kräutern – alles nach Vorbild alter Kloster- oder Bauerngärten. Noch ornamentaler wirken Flechtmuster- oder Knotengärtchen. Hier wird ein mehr oder weniger komplexes Muster, etwa ein vereinfachtes von einem Orientteppich, einer Tapete oder einem Stoff zugrunde gelegt. Die Linien bildet man mit schnittverträglichen Kräutern in Form kleiner Hecken nach, die Flächen werden jeweils mit einer Kräuterart oder auch dekorativen Bodenbelägen (Kies, Muschelschalen o. Ä.) ausgefüllt.

157. Heilkräutergarten: Ich möchte Heilkräuter immer frisch zur Hand haben. Wie lege ich meine „grüne Apotheke" am besten an?

Orientieren Sie sich dafür einfach an einem historischen Klostergarten oder an einem Apothekergärtchen. Hier werden die Heilkräuter gewöhnlich streng getrennt in eigene Beetabschnitte gepflanzt und exakt mittels Schildern beschriftet. Teilweise sind in Beeteinheiten aber auch mehrere Kräuter gemäß einer Heilanzeige zusammengefasst. Es wachsen beispielsweise Anis (*Pimpinella anisum*), Kümmel (*Carum carvi*) und Gewürz-Fenchel (*Foeniculum vulgare* var. *dulce*) miteinander in einem Abteil, alle helfen bei Verdauungsbeschwerden.

158. Kletternde Kräuter: Kann ich meinen Maschendrahtzaun mit kletternden Kräutern etwas verschönern?

Einige wenige Kräuter wie Kapuzinerkresse (*Tropaeolum majus*) und Hopfen (*Humulus lupulus*) können klettern, diese hangeln sich von selbst am Zaun empor. Sie erzielen aber auch ein schönes Bild mit hoch wachsenden Kräutern, hinter denen der Maschendrahtzaun verschwindet. Für diesen Zweck bieten sich Muskateller-Salbei (*Salvia sclarea*), Wegwarte (*Cichorium intybus*) oder Mutterkraut (*Tanacetum parthenium*) an. Den Zaun als Stütze für ihre hohen Stängel nehmen Stockrosen (*Alcea rosea*), Echter Eibisch (*Althaea officinalis*) oder Bischofskraut (*Ammi majus*) dankend an.

159. Kompost verschönern: Mein Garten ist nicht sehr groß – dennoch habe ich einen Kompostplatz. Wie kann ich ihn so gestalten, dass er nicht gleich ins Auge fällt?

Pflanzen Sie in der Hauptblickrichtung eine kleine Hecke oder einen attraktiven Strauch davor. Dafür eignet sich beispielsweise der Schwarze Holunder (*Sambucus nigra*) sehr gut, er liefert Ihnen dann auch gleich duftende Blüten und schmackhafte Beeren. Sie können den Komposter aber auch von den immer hungrigen Kapuzinerkressen (*Tropaeolum majus*) beranken lassen, die dort wegen der guten Nährstoff-

1 In traditionellen Apothekergärten sind Heilpflanzen nach ihrer Wirkungsweise in abgeteilten Beeten gepflanzt.

2 Selbst wo es in die Senkrechte geht, sorgen kletternde Kräuter, wie hier die Kapuzinerkresse, für hübsche Anblicke.

versorgung besonders üppig wachsen. Unter ihren schildförmigen Blättern verschwindet der Behälter rasch. Blätter, Knospen und Blüten der Pflanze können Sie außerdem für Salat, falsche Kapern oder zur Dekoration nutzen. Achten Sie aber darauf, kletternde Sorten zu verwenden.

160. Kräuterschnecke: Wie lege ich eine Kräuterschnecke richtig an?

Das Prinzip einer Kräuterschnecke oder Kräuterspirale ist es, auf kleinstem Raum möglichst viele verschiedene Standortbedingungen zu bieten. Nur dann lässt sich eine reiche Vielfalt an Kräutern mit unterschiedlichen Standortansprüchen nahe beieinander kultivieren. Damit dies zufriedenstellend gelingt, sollte eine Kräuterschnecke rund 2 m Durchmesser aufweisen. Heben Sie für das Fundament den Boden mindestens 20 cm tief aus und verfestigen Sie den Untergrund. Spiralförmig wird dann eine Trockenmauer errichtet, die zur Mitte hin allmählich ansteigt. Je höher die Steigung, desto breiter und stabiler muss die Mauer angelegt werden. Die Räume zwischen den Mauern werden mit grobem Kies gefüllt, darauf kommt Pflanzerde, und zwar im unteren Bereich humos und sehr gehaltvoll, nach oben hin immer magerer und steiniger. Gut versorgt wachsen demnach unten Petersilie (*Petroselinum crispum*) und Co., oben dagegen die trockenheitsliebenden Hungerkünstler wie Rosmarin (*Rosmarinus officinalis*). Am Fuß der Kräuterschnecke lässt sich außerdem ein kleiner Teich für die feuchtigkeitsliebenden Arten wie beispielsweise Brunnenkresse (*Nasturtium officinale*) anlegen. Um eine dauerhafte und attraktive Kräuterspirale anzulegen, bedarf es einiger Erfahrung und handwerklichen Geschicks. Die Technik, eine Trockenmauer zu errichten, sollten Sie sich unbedingt genau erläutern und zeigen lassen oder gleich einen Fachmann damit beauftragen.

161. Mobiler Kräutergarten: Wir haben nahe am Haus keine Gelegenheit, ein Kräuterbeet anzulegen, wollen aber die Kräuter für die Küche ohne lange Wege bei jedem Wetter parat haben. Können wir auf der Terrasse einen Kräutergarten in Gefäßen anlegen?

Selbstverständlich können Sie Ihre Kräuter in Gefäßen nahe am Haus kultivieren. Verwenden Sie dazu möglichst geräumige Kübel oder Kästen, insbesondere wenn Sie ausdauernde Arten über mehrere Jahre ziehen wollen. Wenn Sie unter die Gefäße noch zusätzlich Rollen montieren oder sie auf fahrbare Untersätze stellen, wird Ihr Topfkräutergarten sogar mobil und lässt sich ganz nach Bedarf umplatzieren. Bringen Sie in die Gefäße eine gute Dränage ein, z. B. in Form von Blähton oder Kies, damit Staunässe nie zum Problem wird. Auf die Dränageschicht legen Sie noch ein Vlies. Das verhindert, dass Erde ausgeschwemmt wird. So können Sie die Kräuter ohne Umtopfen über mehrere Jahre in den Gefäßen lassen.

1

2

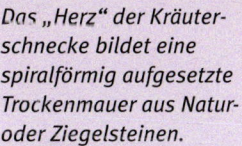

Das „Herz" der Kräuterschnecke bildet eine spiralförmig aufgesetzte Trockenmauer aus Natur- oder Ziegelsteinen.

Kräuterschnecken bieten vielen Arten unterschiedliche Standortbedingungen und sind nach einem Jahr gut eingewachsen.

162. Naturnaher Garten:
Neben der Wildkräuterecke mit Brennnesseln und Scharbockskraut soll unser Garten auch in seinen übrigen Bereichen naturnah gestaltet werden. Eignen sich Kräuter dafür?

Viele Kräuter stammen aus der heimischen Flora und haben ihren Wildpflanzencharakter bewahrt, genau diese passen hervorragend in Naturgärten bzw. naturnah gestaltete Gartenbereiche. Wiesen-Schaumkraut (*Cardamine pratensis*), Bär-Lauch (*Allium ursinum*), Gundermann (*Glechoma hederacea*), Echte Kamille (*Matricaria recutita*), Gänse-Fingerkraut (*Potentilla anserina*), Huflattich (*Tussilago farfara*), Taubnessel (*Lamium album*) – die Liste heimischer Heil- und Gewürzkräuter lässt sich stark erweitern. Doch auch viele Arten, die ursprünglich aus dem Mittelmeerraum kommen, fügen sich gut ein. Bohnenkraut (*Satureja*), Majoran (*Origanum majorana*) oder Römische Minze (*Calamintha*) bereichern seit langer Zeit unsere Vegetation und ziehen viele Insekten an.

> ## INFO
>
> ### Kräuter richtig kennenlernen
> Viele Organisationen, wie Volkshochschulen, Naturschutzvereine oder Privatpersonen bieten Kräuterführungen an, sowohl zu Wildarten wie auch zu kultivierten Kräutern in Gärten. Dort lernt man die Kräuter exakt zu bestimmen und anzuwenden. Insbesondere Wildkräuter sollte man genau bestimmen, bevor man sie pflückt, ähnlich wie Pilze.

163. Platz sparen: Wie kann ich auf Terrasse oder Balkon möglichst viele Kräuter unterbringen?

Stapeln Sie hoch – mithilfe einer Etagere können Sie auf wenig Grundfläche reichlich Kräuter unterbringen. Vorteil der Etagere gegenüber einem Regal ist, dass die Kräuter wesentlich besser belichtet werden, denn alle erhalten auf den verschiedenen Ebenen sozusagen ihren Sonnenplatz. Manche Kräuter gedeihen auch in Ampeln, z. B. Kapuzinerkresse (*Tropaeolum majus*) oder Gundermann (*Glechoma hederacea*).

164. Rosenbegleiter: Für unser Rosenbeet suchen wir noch eine geeignete Begleitpflanzung, am liebsten mit Kräutern. Gibt es in dieser Gruppe Arten, mit denen Rosen besonders gut zu kombinieren sind?

Traditionell pflanzt man Lavendel (*Lavandula*) zu Rosen, weil sich Düfte und Farben gut ergänzen. Angeblich soll Lavendel auch Blattläuse von Rosen fernhalten, dies klappt aber meist nicht zufriedenstellend. Lavendel bevorzugt einen eher trockenen und kargen Boden, Rosen dagegen einen gut gedüngten, lehmigen und feuchten Untergrund. Deshalb setzt man Lavendel nicht zu dicht neben die Rosen und bereitet den Pflanzbereich für ihn entsprechend mit Sand, Kies oder Splitt auf. Hübsche Lakaien für die Königin der Blumen mit ähnlichen Standortwünschen sind Schmalblättriger Scheinsonnenhut (*Echinacea angustifolia*), Frauenmantel (*Alchemilla xanthochlora*), Bischofskraut (*Ammi majus*), Katzenminze (*Nepeta cataria*), Eberraute (*Artemisia abrotanum*), Zitronen-Melisse (*Melissa officinalis*), Eisenkraut (*Verbena officinalis*) und Basilikum (*Ocimum*), vor allem die ausdauernde Sorte 'African Blue'.

Als Begleiter der Rosen geben viele Kräuter, wie der Frauenmantel, dank ihrer schlichten Erscheinung eine gute Figur ab.

165. Schmetterlinge anlocken: Ich möchte meinen Garten attraktiv für Schmetterlinge machen. Wie kann ich die Falter anlocken?

Pflanzen Sie eine bunte Vielfalt üppig blühender Kräuter wie Koriander (*Coriandrum sativum*) oder Lavendel (*Lavandula*). Deren Blüten bieten den bunten Gauklern reiche Nektarnahrung. Damit Schmetterlinge aber auch Eier ablegen können, ihre Raupen Futter finden und sich verpuppen können, sollten Sie unbedingt einen Busch Brennnesseln (*Urtica dioica*) in einer stillen Ecke stehen haben – nur diese ist Futterpflanze für über 50 Falterarten. Kreuzblütler wie Senf (*Brassica, Sinapis*) oder Hirtentäschel (*Capsella bursa-pastoris*) und Doldenblütler wie Kümmel (*Carum carvi*) oder Liebstöckel (*Levisticum officinale*) sind weitere wichtige Raupenfuttergewächse.

166. Schonend gärtnern: Ich leide unter Rückenproblemen. Wie kann ich meinen Kräutergarten so gestalten, dass ich meinen Rücken möglichst wenig belaste?

Platzieren Sie die Kräuter etwas höher, brauchen Sie sich bei Pflanzung, Pflege und Ernte nicht zu bücken. Eine Möglichkeit besteht in der Anlage eines Hochbeetes, das man selbst aus Blockbohlen oder Rundhölzern baut oder einfach aus Stecksystemen (im Fachhandel) errichtet. Auf eine Unterschicht aus grobem Gehölzschnitt füllen Sie für die Kräuter gut gelockerte Garten- oder Pflanzerde. Verzichten Sie auf die Beimischung von Kompost, wenn Sie vorwiegend mediterrane Kräuter ziehen möchten, die es nährstoffarm lieben. Alternativ können Sie Kräuter in großen Kästen auf einer Art Tisch oder Regal kultivieren. Dazu montieren Sie z. B. stabile Beine oder ein Untergestell unter Pflanzkästen. Aber auch eine Etagere hilft, die Kräuter können Sie dann in Töpfe setzen. Derart mobil lassen sich Kräuter in bequeme Höhe holen.

SCHMETTERLINGE & CO. ANLOCKEN

DILL (*Anethum graveolens* var. *hortorum*)
Futterpflanze für die Raupen des Schwalben-
schwanzes; seine gelbgrünen Blütendolden
spenden Faltern reichlich Nektar

KERBEL (*Anthriscus cerefolium* ssp. *cerefolium*)
Futterpflanze für Raupen des Mohrenspanners;
Blütendolden Nektarspender für zahlreiche
Tagfalter sowie für Schwebfliegen und Käfer

WIESEN-SCHAUMKRAUT (*Cardamine pratensis*)
Futterpflanze für die Raupen des Aurorafalters;
dank früher Blütezeit erste Nahrung im Frühjahr
für viele Schmetterlinge

FÄRBER-DISTEL (*Carthamus tinctorius*)
aufgrund der lange währenden Blütezeit im
Hochsommer sehr wertvolle Nektarpflanze für
eine Vielzahl von Schmetterlingen

OREGANO (*Origanum vulgare*)
nicht nur für Schmetterlinge, auch Bienen, Hum-
meln und andere Insekten lieben den reichlich in
den Blütendolden produzierten Nektar

SEIFENKRAUT (*Saponaria officinalis*)
zart duftende, weiße bis hellrosa Blüten mit reichlich Nektar; vor allem in der Dämmerung finden
Nachtfalter hier Nahrung

BRENNNESSEL (*Urtica dioica*)
rund 50 Falterarten, z. B. Tagpfauenauge, Kleiner
Fuchs und Admiral, sind darauf angewiesen; ihre
Raupen entwickeln sich nur an ihren Blättern

167. Steginarten: **Mit Alpenblumen habe ich in meinem Steingarten wenig Glück. Kann ich sie durch Kräuter ersetzen?**

Unter den Thymianarten (*Thymus*) finden Sie eine Reihe von hübschen Polsterstauden, die sich ideal im Steingarten ziehen lassen. Aus dem Alpenraum selbst stammt z. B. die Gletscher-Edelraute (*Artemisia glacialis*). Aber auch viele andere Kräuter bilden niedrige Büsche oder flache Teppiche und eignen sich daher gut als Ersatz für alpine Pflanzen, zumal sie ähnliche Standortansprüche stellen, darunter nicht ganz alltägliche Kräuter wie Diptam-Dost (*Origanum dictamnus*), Griechischer Bergtee (*Sideritis syriaca*), Korsische Minze (*Mentha requienii*) oder Grannen-Ysop (*Hyssopus officinalis* ssp. *aristatus*). Zur Wahl stehen weiterhin Raritäten wie Alraune (*Mandragora officinarum*) oder Sorten mit kompaktem Wuchs wie Zwerg-Oregano (*Origanum vulgare* 'Compactum').

168. Trittfeste Kräuter: **Statt Rasen möchte ich einen kleinen, duftenden Kräuterteppich anlegen. Mir wurde Englische Rasenkamille empfohlen, weil sie gelegentliches Betreten erträgt. Kann ich noch andere Kräuter dazupflanzen?**

Neben der Englischen Rasenkamille, der nicht blühenden Sorte 'Treneague' der Römischen Kamille (*Chamaemelum nobile*), eignen sich für diese Zwecke auch kriechender Zitronen-Thymian (*Thymus* × citrio-

Die Sitzfläche der Duftkräuterbank ist mit Teppichkamille bepflanzt, die herrlich duftet, wenn man sich daraufsetzt.

dorus), Feld-Thymian (*Thymus pulegioides* ssp. *pulegioides*) und Kriechendes Bohnenkraut (*Satureja spicigera*). In schattigeren Lagen kann man Teppich-Polei-Minze (*Mentha pulegium*) einsetzen. Allen diesen Kräutern gemeinsam ist der herrliche Duft, der aufsteigt, sobald Sie darüberlaufen. Soll das Areal mit dem Kräuterteppich häufiger begangen werden, ist das Einbringen von Trittsteinen ratsam.

169. Vasenschmuck: Welche Kräuter wirken in der Vase schön und eignen sich als attraktives Beiwerk in Sträußen?

Eins der vielseitigsten Kräuter für die Floristik ist der Frauenmantel (*Alchemilla xanthochlora*). Sein Laub ergibt schöne „Manschetten" um Sommerblumensträuße, Blütenstiele und Blätter, wirkt aber auch für sich alleine hübsch und ergänzt sogar edle Rosen. Mutterkraut (*Tanacetum parthenium*), Bischofskraut (*Ammi majus*) oder Dill (*Anethum graveolens*) liefern so duftiges wie duftendes Beiwerk. Sie lockern üppige Sträuße auf oder sind Füllmaterial für wenige Blütenstiele. Das filigrane Laub von Gewürz-Fenchel (*Foeniculum vulgare* var. *dulce*) oder Pontischem Beifuß (*Artemisia pontica*) ersetzt das bei Floristen viel verwendete „Spargelgrün". Mit plakativen Blüten spielen Ringelblumen (*Calendula officinalis*), Malven (*Malva*), Indianernessel (*Monarda*) oder sogar Schnitt-Lauch (*Allium schoenoprasum*) selbst die Vasen-Hauptrollen. Nicht zu vergessen die kleinen Kostbarkeiten, wie Duft-Veilchen (*Viola odorata*), Schlüsselblume (*Primula*) oder Gänseblümchen (*Bellis perennis*), woraus man anmutige Sträußchen bindet. Selbst nicht oder nur verhalten blühende Kräuter wie Minzen (*Mentha*) oder Salbei (*Salvia*) liefern attraktive, weil stark duftende Gebinde. Getrocknet werden Lavendel (*Lavandula*), Balsamstrauch (*Cedronella canariensis*) oder Currystrauch (*Helichrysum italicum* ssp. *serotinum*) sogar zu „unsterblichen" Sträußen.

Sammeln, ernten, aufbereiten

Sie haben Ihre Kräuter gehegt
und gepflegt, dafür sind sie üppig
gewachsen. Hier erfahren Sie
Interessantes und Wissenswertes
zu Ernte und Verarbeitung.
Außerdem bekommen Sie Tipps
zum Sammeln von Wildpflanzen.

170. Alkoholisches: Habe ich eine üppige Beeren-ernte, verwerte ich sie im Rumtopf oder setze damit einen Likör an. Ist dies bei Kräutern vielleicht auch möglich?

Die wohltuende Wirkung von Kräutern in Verbindung mit Alkohol ist seit Langem bekannt. Vor allem Klöster widmeten sich schon seit Hunderten von Jahren der Herstellung von Kräuterlikören, -schnäpsen und -wein. Die Rezepte – meist wohlgehütete Geheimnisse, die von Generation zu Generation weitergegeben wurden – enthielten in der Regel eine Vielzahl verschiedener Kräuter in sorgfältig abgestimmten Kompositionen. Heute noch bekannt sind etwa Bénédictine, Chartreuse oder Bols und natürlich neuere Marken wie Jägermeister, Ramazotti oder Kümmerling. Für den Hausgebrauch sind solche Rezepturen zu aufwendig. Sie können aber auch mit einfachen Mitteln ihre Kräuterernte „verflüssigen". Hier ein Grundrezept für einen Likör: Nehmen Sie frische Kräuter, z. B. Zitronen-Melisse (*Melissa officinalis*), Pfeffer-Minze (*Mentha × piperita*), Thymian (*Thymus*-Arten und -Sorten), Beifuß (*Artemisia vulgaris*), Giersch (*Aegopodium podagraria*), Salbei (*Salvia officinalis*), Gundermann (*Glechoma hederacea*), Löwenzahn (*Taraxacum* sect. *Ruderale*). Geben Sie je ein bis zwei Stängel mit 60–80 g Zucker, am besten Kandis, in ein Gefäß, übergießen Sie alles mit einer Flasche klaren Schnaps, etwa Korn, verschließen Sie es und lassen Sie das Ganze ein paar Wochen ziehen. Dann wird abgeseiht und in Flaschen abgefüllt. Sie können, je nach Geschmack, die Zusammensetzung ändern und auch Gewürze wie Koriander oder Vanille dazugeben. Probieren Sie es einfach aus und entwickeln Sie Ihr eigenes Geheimrezept. Eine besonders attraktive Variante lässt sich mit Löwenzahn herstellen. Dazu geben Sie, je nach Größe, ca. 35–40 Blüten und 70 g Kandis in eine weithalsige Flasche und übergießen mit 1 l Korn. Nach etwa drei Wochen können Sie den Likör abgießen oder mit den Blüten genießen.

171. Bär-Lauch erkennen: Es wird immer wieder davor gewarnt, dass man Bär-Lauch nicht mit den giftigen Herbst-Zeitlosen und Maiglöckchen verwechseln darf. Wie kann ich Bär-Lauch sicher erkennen?

Ganz sicher am Geruch. Die Blätter des Bär-Lauchs verströmen nämlich, im Gegensatz zu Herbst-Zeitlosen (*Colchicum autumnale*) und Maiglöckchen (*Convallaria majalis*), einen typischen Knoblauchgeruch, der sich beim Zerreiben intensiviert. Außerdem stehen sie immer einzeln an langen Stielen und brechen leicht. Maiglöckchen hingegen tragen zwei bis drei Blätter an einem kurzen Stiel, und bei den Herbst-Zeitlosen kommen mehrere Blätter rosettig aus dem Boden.

1 *Drei Pflanzen, die sich ähnlich sehen: Kümmel, ein beliebtes und sehr gesundes Kraut, wird gerne im Garten kultviert.*

2 *Wiesen-Kerbel ist eine würzig nach Anis duftende Wildstaude, die auf frisch gegüllten Wiesen oft massenweise auftritt.*

3 *Die giftige Hundspetersilie hat – wie Wiesen-Kerbel – einen kantigen Stängel, ihr zerriebenes Laub riecht aber knoblauchig.*

172. Bärlauchblätter ernten: Mein Bär-Lauch blüht wunderbar. Darf ich die Blätter aber jetzt noch ernten?

Die Blätter besitzen bis kurz vor der Blüte das meiste Aroma. Dann steckt die Pflanze ihre Kraft in die Fortpflanzung, und die Intensität der Inhaltsstoffe nimmt ab. Das gilt übrigens ebenso für die meisten anderen Kräuter. Sie können aber auch die hübschen Blüten zur Dekoration und zum Würzen von Gerichten hernehmen. Ist der Bär-Lauch abgeblüht, lassen sich die schlanken Zwiebeln aus dem Boden ziehen und ebenfalls zum Kochen verwenden.

173. Blüten ernten: Wann ist bei Kräuterblüten der optimale Zeitpunkt zur Ernte erreicht?

Blüten ernten Sie am besten, wenn diese sich gerade ganz geöffnet haben, es sei denn, Sie möchten die Knospen verwenden. Vorher sind die Inhaltsstoffe

1

Von sämtlichen Kräutern lassen sich frische Blüten verwenden, etwa als dekorative Garnitur für Salate oder Desserts.

2

Haltbar werden Kräuterblüten durch schonende Trocknung auf Tabletts oder Drahtgestellen an einem luftigen Ort.

noch nicht in voller Konzentration vorhanden, und beim Verblühen werden sie rasch abgebaut. Wichtig ist, dass Sie die Blüten erst kurz vor der Verwendung abschneiden. Manche isst man im Ganzen, wie Kapuzinerkresse (*Tropaeolum majus*), Gänseblümchen (*Bellis perennis*) und Borretsch (*Borago officinalis*). Bei anderen nimmt man einzelne Blütenblätter, z. B. bei Ringelblume (*Calendula officinalis*), Kornblume (*Centaurea cyanus*) und Indianernessel (*Monarda didyma*).

174. Blüten kandieren: Wie kann man Blüten von Kräutern kandieren?

Verschlagen Sie ein Eiweiß mit einem Esslöffel Wasser leicht schaumig, aber keinesfalls steif. Dann nehmen Sie einen Pinsel und streichen die Blüten bzw. einzelne Blütenblätter dünn mit dem Eiweiß ein. Legen Sie sie nebeneinander auf ein mit Pergamentpapier ausgelegtes Backblech und überstäuben Sie die Blüten mit sehr feinem Zucker oder Puderzucker, z. B. mit einem Haarsieb. Sie sollen aussehen, wie mit Reif überzogen. Lassen Sie die Blüten über Nacht trocknen und füllen Sie sie vorsichtig in ein sauberes Schraubglas. Gut geeignet sind die Blüten von Veilchen, Stiefmütterchen, Zierkirschen, Äpfeln und, natürlich, Rosen.

175. Bohnenkraut ernten: Soll ich beim Bohnenkraut einzelne Blätter abpflücken oder besser ganze Stiele schneiden?

Beim Bohnenkraut ist es wie bei den meisten anderen Kräutern: Ernten Sie lieber ganze Triebe als einzelne Blätter. Damit bewirken Sie nämlich, dass die Pflanze immer wieder neu austreibt und sich ständig verjüngt. So können Sie den ganzen Sommer über junge Triebe pflücken, auch wenn Bohnenkraut sein volles Aroma kurz vor oder während der Blütezeit entfaltet – im Gegensatz zu vielen anderen Kräutern.

176. Einfrieren: Welche Kräuter kann ich einfrieren, und was muss ich dabei beachten?

Es gibt viele Kräuter, die sich zum Einfrieren eignen. Farbe und Aroma bleiben dabei meist besser erhalten als beim Trocknen. Vor allem Arten mit eher weichen, saftigen Blättern, z. B. Petersilie, Dill, Schnitt-Lauch, Zitronen-Melisse, Estragon, Basilikum und großblättrige Thymiansorten, lassen sich so sehr gut konservieren. Von Kräutern mit derben Blättern, wie Rosmarin, nehmen Sie am besten nur junge, noch weiche Triebe, die anderen trocknen Sie lieber. Natürlich werden auch Teekräuter getrocknet und nicht eingefroren. So gehen Sie vor: Tupfen Sie gegebenenfalls die Kräuter mit Haushaltspapier trocken. Fein hacken und in einen Eiswürfelbehälter geben. Mit Wasser oder Brühe auffüllen und ins Gefrierfach stellen. Lösen Sie die durchgefrorenen Kräuterwürfel heraus und füllen Sie sie in beschriftete Gefrierbeutel oder -dosen um. Übrigens: Auf diese Weise eingefrorene Blüten machen sich gut in Drinks.

> **EXTRATIPP**
>
> **Kräuter noch gefroren verwenden**
> Beim Tiefgefrieren werden die Pflanzenzellen durch spitze Eisnadeln verletzt. Tauen die Kräuter auf, treten die ätherischen Öle aus und verflüchtigen sich rasch. Deshalb sollte man gefrostete Kräuter noch gefroren verwenden, dann können sie ihr Aroma an die Speisen abgeben. Anderenfalls fließen die Inhaltsstoffe sozusagen mit dem Tauwasser weg.

177. Ernte: Stimmt die Regel, dass Kräuter umso besser wachsen, je fleißiger man sie aberntet?

Das ist richtig – wenn man einige Dinge beachtet. Bei sehr wuchsfreudigen, nicht verholzenden Arten wie Pfeffer-Minze oder Zitronen-Melisse nimmt man am besten ganze Triebe kurz über dem Boden heraus. Damit lichten Sie zum einen gleich aus, und zum anderen regen Sie den Neuaustrieb an. Außerdem lassen sich die Kräuter so besser zum Trocknen aufhängen. Auch bereits verholzte Zweige von Sträuchern und Halbsträuchern, etwa Rosmarin, Lavendel, Salbei oder Thymian, schneiden Sie am Ansatz ab. So bleiben die Pflanzen kompakt und treiben immer wieder an der Basis aus. Sind die Zweige noch nicht verholzt, schneiden Sie die Triebspitzen ab. Das fördert die Verzweigung. Dies gilt auch für zarte, saftige Kräuter wie Dill, Koriander, Kerbel oder Basilikum. Brauchen Sie nur ein paar Blätter, können Sie die natürlich auch mit den Fingern abkneifen.

178. Ernte verbessern: Bei Koriander und Kümmel bleibt die Ausbeute an Körnern gering. Wie kann ich die Erntemenge erhöhen?

Leider geht bei den Samenständen von Doldenblütlern oft ein Teil der Ernte verloren, weil die Samen beim Abschneiden des Blütenstandes leicht herunterfallen. Stülpen Sie deshalb vor der Ernte eine Papiertüte oder einen Stoffbeutel über den gesamten Samenstand und binden Sie sie zu. Dann erst schneiden Sie den Stängel ab, drehen ihn um und schütteln die Samen einfach in die Tüte (→ Frage 184).

179. Erntereife: Wie erkenne ich, ob die Früchte von Kümmel, Koriander oder Süßdolde reif zur Ernte sind?

Das ist ganz einfach. Sind die Samen dunkelbraun und haben eine trockene Hülle, können Sie sie in der Regel ernten. Wenn Sie nicht sicher sind, machen Sie den Fingertest: Drücken Sie Ihren Fingernagel in den Samen. Gibt er dem Druck nach und lässt sich leicht teilen oder quetschen, ist er noch nicht reif.

180. Erntezeitpunkt: Wie kann ich erkennen, dass die Kräuter reif für die Ernte sind?

Das kommt ganz darauf an, welchen Teil des Krautes Sie ernten möchten. Blüten schneidet man, wenn sie gerade eben ganz eröffnet sind und unmittelbar vor der Vollblüte stehen (→ Frage 173). Die meisten Arten, bei denen die Blätter im Vordergrund stehen, erntet man vor der Blüte. Dann ist die Konzentration der ätherischen Öle am höchsten. Blühen die Kräuter, wird die Kraft zur Samenbildung benötigt, und die Intensität der Aromastoffe nimmt ab. Bei einigen Arten, z. B. Melisse oder Pfeffer-Minze, verändert sich sogar der Geschmack und wird eher unangenehm (→ Frage 192). Bei Arten wie Basilikum werden die Blätter mit Beginn der Blüte meist derb und hart, auch wenn die Blütchen hübsch anzusehen und auch essbar sind. Es gibt Ausnahmen, wie Bohnenkraut, das auch während der Blüte aromatisch bleibt (→ Frage 175). Salatkräuter wie Sauerampfer (*Rumex*-Arten), Huflattich (*Tussilago farfara*), Spitz-Wegerich (*Plantago lanceolata*) oder Rucola (*Eruca*- und *Diplotaxis*-Arten) verwenden Sie am besten lange vor der Blüte. Unterirdische Teile, nämlich Zwiebeln, Knollen, Rhizome und Wurzeln, ernten Sie, wenn die oberirdischen Teile absterben, also normalerweise im Herbst.

EXTRATIPP

Morgens ist der beste Zeitpunkt zum Ernten
Kräuter ernten Sie am besten am Vormittag eines warmen, trockenen und sonnigen Tages. Dann stehen die Pflanzen nämlich besonders gut im Saft und haben viel Aroma. Warten Sie aber auf jeden Fall ab, bis die Sonne den Tau auf den Blättern ganz abgetrocknet hat. Möchten Sie Samen ernten, empfiehlt sich dafür dagegen der frühe Morgen, wenn die Fruchtstände noch feucht vom Tau sind. Dann fallen nämlich die Samen nicht so leicht heraus.

181. Frisch verwenden: Gibt es Kräuter, die man nur frisch verwendet?

Ja, die gibt es. Manche Arten, wie Schnitt-Lauch (*Allium schoenoprasum*), Kresse (*Lepidium sativum*), Kapuzinerkresse (*Tropaeolum majus*), Basilikum (*Ocimum basilicum*), Gundermann (*Glechoma hederacea*), Giersch (*Aegopodium podagraria*), Sauerampfer (*Rumex acetosa*), Sauerklee (*Oxalis acetosella*) oder Brunnenkresse (*Nasturtium officinale*), verwenden Sie am besten frisch. Dann entfalten sie nämlich ihr ganzes Aroma und enthalten viele wertvolle Inhaltsstoffe, die sie leider beim Erhitzen rasch verlieren. Diese Kräuter eignen sich auch nicht zum Trocknen. Dill, Kerbel oder Korianderblätter sollten Sie ebenfalls frisch verzehren oder nur ganz kurz erwärmen. Sie büßen sonst nicht nur ihren Geschmack ein, sondern verlieren auch ihre frische grüne Farbe und werden braun (→ Frage 219). Ein Spritzer Zitronensaft verhindert übrigens die Verfärbung. Natürlich werden Kräuter, die als Salat dienen, ebenfalls frisch verwendet.

182. Knob-Lauch ernten: Wann sind Knoblauch-knollen reif zur Ernte?

Von der Knoblauchpflanze können Sie sowohl die unterirdischen Knollen wie auch die Brutzwiebeln essen, die an den unfruchtbaren Blütenständen gebildet werden. Die Brutzwiebeln nehmen sie einfach bei Bedarf ab und verwenden sie in der Küche oder pflanzen sie ein. Die ganzen Knollen ernten Sie erst, wenn die Laubblätter vertrocknet und vergilbt sind. Dann nämlich sind in den Zwiebeln, die ja Speicherorgane sind, alle Inhaltsstoffe in maximaler Konzentration vorhanden. Die Blätter haben nun ihre Aufgabe erfüllt – nämlich die Energie für die Produktion verschiedener Substanzen zu liefern –, und die Pflanze zieht ein, d. h. sie trennt sich von ihnen.

183. Knob-Lauch lagern:
Ich erwarte eine reiche
Knoblauchernte. Wie
kann ich die Knollen
richtig lagern?

Brutzwiebeln, die Sie nicht sofort verwenden, lagern Sie dunkel, trocken und kühl. Die anderen Knoblauchzwiebeln heben Sie bei trockenem Wetter am besten mit einer Grabgabel aus dem Boden. Ist über die nächsten Tage kein Regen zu erwarten, können Sie sie zum Abtrocknen einfach auf dem Beet liegen lassen. Andernfalls werden die Knollen mit Bast locker gebündelt und an einem trockenen, luftigen, aber schattigen Platz möglichst im Freien aufgehängt. Dann können Sie sie entweder im Bündel lassen, zu dekorativen Zöpfen verflechten (→ Extratipp) oder in Zwiebel- oder Gemüsenetze füllen. Wichtig ist, dass Sie den Knob-Lauch bis zur Verwendung in Flechtkörben aufbewahren oder an einem luftigen, möglichst dunklen Ort aufhängen. Das Gleiche gilt auch für Zwiebeln.

> **EXTRATIPP**
>
> **Knoblauchzöpfe**
> Um Knob-Lauch zu Zöpfen zu flechten, müssen die Zwiebeln aus der Erde gezogen werden, wenn die Blätter gerade zu welken beginnen, aber noch nicht vertrocknet sind. Mit drei Knollen beginnen und die restlichen stramm dazuflechten. Arbeiten Sie Bastfäden mit ein, dann wird der Zopf stabiler und fällt nicht so leicht auseinander, wenn die Blätter ganz getrocknet sind.

184. Kümmel ernten: Ich habe Kümmel ausgesät.
Bisher sind nur beblätterte Stängel gewachsen.
Wann blüht er, und wann ernte ich Samen?

Kümmel ist eine zweijährige Pflanze. Im ersten Jahr bildet sie nur eine Blattrosette, deren Blättchen Sie für Salate, Suppen und Gemüse verwenden können. Erst im zweiten Jahr bildet sich der bis zu 1,20 m lange

Stängel mit den weißen Blütendolden. Die Samen-
stände schneidet man ab, wenn sich die Früchte gerade braun verfärben, bündelt sie und lässt sie an einem
schattigen, luftigen Platz nachreifen. Damit nicht zu
viele Samen verloren gehen, stülpen Sie am besten
eine Papiertüte über den Blütenstand (→ Frage 178).
Die Kümmelsamen reifen übrigens recht un-
regelmäßig, deshalb müssen Sie öfters ernten.

185. Lager: **Wo verwahre ich getrocknete Kräuter
am besten auf?**

Zum Aufbewahren eignen sich Schraubgläser oder
Blechdosen. Allerdings müssen die Kräuter dazu
rascheltrocken sein (→ Frage 197). Je nach Kraut
streifen Sie die Blätter noch von den Stängeln und
schneiden sie gegebenenfalls klein. Die Gläser und
Dosen bewahren Sie an einem dunklen, trockenen
Ort auf. So behalten die Kräuter bis zu einem Jahr
ihr Aroma und ihre Inhaltsstoffe. Denken Sie auch
an eine sorgfältige Beschriftung.

186. Pfefferminztee zubereiten: **Muss ich Pfeffer-
Minze zuerst trocknen, oder kann ich auch aus
frischen Blättern einen Tee aufbrühen?**

Das Trocknen von Kräutern dient in erster Linie ihrer
Konservierung und ermöglicht dadurch auch eine
Vorratshaltung für
Zeiten, wenn keine

*Minze und andere Kräuter
geben, in Apfelsaft oder
in Mineralwasser ein-
gelegt, ein erfrischendes,
würziges Getränk.*

frischen Pflanzen zur Verfügung stehen. Natürlich können Sie Ihren Pfefferminztee auch sozusagen direkt von der Pflanze zubereiten. Dann sind zudem die Inhaltsstoffe in voller Konzentration vorhanden, die sich beim Trocknen ja ein wenig reduzieren. Zwicken Sie einfach ein Zweiglein ab, geben es in eine große Tasse und überbrühen mit kochendem Wasser. Nach 4–5 Minuten können Sie Ihren Tee dann genießen. Für einen Tee aus getrockneten Blättern nehmen Sie, je nach Größe der Tasse, 1–2 Teelöffel und lassen ihn 5–10 Minuten ziehen. Das gilt übrigens für die meisten anderen Kräutertees auch.

187. Reinigen: Um Erde und Staub zu entfernen, wasche ich meine frisch geernteten Kräuter wie Obst und Gemüse immer unter fließendem Wasser. Ist das richtig?

Bei Blüten und jungen, noch weichen Blättern und Triebspitzen sollten Sie nach Möglichkeit auf das Waschen verzichten, um wertvolle Inhaltsstoffe nicht unnötig auszuwaschen. Außerdem leidet die Attraktivität von hübschen Blumen ganz erheblich, wenn die zarten Blütenblätter durch das Wasser zusammenkleben. Andererseits halten sich gerade in großen Blütendolden gerne kleine Tierchen auf, die es zu vertreiben gilt, will man sie nicht unbedingt als Fleischbeigabe verzehren. Schütteln Sie deshalb die Blütenstände vorsichtig aus oder stoßen Sie sie leicht am Tisch auf, und entfernen Sie dann die Insekten, die nicht ohnehin schon herausgefallen bzw. weggelaufen sind. Staub und Erde an Stängeln und Blättern, die sich nicht durch Abschütteln entfernen lassen, waschen Sie rasch unter fließendem Wasser ab, schütteln sie ab und breiten das Erntegut dann sogleich auf Küchenpapier oder Geschirrtüchern zum Abtrocknen aus. Hartnäckige Erdreste an Wurzeln und Rhizomen schrubben Sie mit einer weichen Bürste ab. Achten Sie aber darauf, dass die Wurzelrinde unbeschädigt bleibt, vor allem dann, wenn Sie die Teile nicht sofort frisch verwenden. Die Verletzungen bieten nämlich ideale Eintrittspforten für Bakterien und Pilze.

188. Ringelblumen trocknen: **Kann ich von der Ringelblume komplette Blütenköpfe trocknen oder nur die ausgezupften Zungenblüten?**

Beides geht. Schneiden Sie die Blumen ab, wenn sie ganz erblüht sind. Legen Sie sie auf mit Papier ausgelegte Tabletts, Gitterroste oder mit Gaze bespannte Trockenrahmen. An einem luftigen, schattigen Platz vortrocknen. Nach ein bis zwei Tagen zupfen Sie die Zungenblüten entweder ab, oder Sie lassen die Köpfe als Ganzes fertig trocknen. Wenn die Blüten raschel-trocken sind, werden sie in Schraubgläser oder Blech-dosen geschichtet und dunkel und kühl aufbewahrt. Benötigen Sie die Blüten nur für Dekozwecke, können Sie auch Silikagel aus dem Bastelfachhandel benutzen. Die Farben bleiben dabei gut erhalten. Nehmen Sie dafür einen Behälter und füllen eine ca. 2 cm dicke Schicht Silikagel ein. Stecken Sie die Blütenköpfe hinein und verteilen Sie vorsichtig Gel in, um und auf die Blu-men. Dann wird luft-dicht verschlossen und das Ganze an einem warmen Ort aufge-stellt. Nach einigen Tagen sind die Blüten trocken und können entnommen werden.

> **EXTRATIPP**
>
> **Trocknen für Dekozwecke**
> Wenn Sie Blüten für Ge-stecke o. Ä. benötigen, können Sie außer Silikagel (→ Frage 188) auch Salz oder Waschpulver benut-zen. Im Handel gibt es auch spezielles Pflanzen-trocknungssalz. Der Vor-gang ist derselbe wie beim Silikagel. Wichtig ist, dass die Blüten komplett, also auch zwischen den Blüten-blättern mit Salz oder Waschpulver bedeckt sind.

Neben aromatisch schmeckenden Blättern hat Rucola knallgelbe Blüten, die eine hübsche Dekoration geben.

189. Rucola ernten: **Wie muss ich es anstellen, damit ich über einen längeren Zeitraum immer frischen, jungen Rucola ernten kann?**

Rucola sollten Sie regelmäßig ernten, bis er anfängt zu blühen. Ernten Sie dabei aber nicht die ganze Pflanze, sondern immer nur einzelne Blätter. Wenn Sie diese nicht zu tief abschneiden, treiben immer wieder neue Blätter nach, und somit haben Sie über mehrere Wochen immer frischen Nachschub. Wenn die Pflanze zu blühen beginnt, können Sie ruhig einige Stängel stehen lassen. Die reifen, ölhaltigen Samen des Rucolas schmecken nämlich sehr würzig und können wie Senfsaat als Gewürz oder zum Einlegen von Gemüse und Fleisch verwendet werden.

190. Saft aus Kräutern: **Kann man aus Kräutern, ähnlich wie aus Früchten, Saft gewinnen?**

Kräuter mit wasserreichen, saftigen Blättern kann man wie Früchte oder Gemüse im Mixer pürieren. Allerdings ist die Ausbeute im Vergleich zu Obst viel geringer, und außerdem sind reine Kräutersäfte nicht jedermanns Geschmack. Man kann sie aber sehr gut Frucht- oder Gemüsesäften beimischen oder sie mit Joghurt, Milch und Früchten wie Banane aufmixen und trinken. Geeignet sind etwa Basilikum, Giersch (*Aegopodium podagraria*), Gundermann (*Glechoma hederacea*), Knoblauchsrauke (*Alliaria petiolata*), Brennnessel, Blätter von Erdbeere, Brombeere und

Himbeere, Sauerampfer (*Rumex*-Arten), Birken- und Lindenblätter, Löwenzahn oder junge Weizenblätter. Probieren Sie einfach aus, welche Kräuter Ihnen am besten schmecken. Hier ein Grundrezept: Zwei große Handvoll von den Stielen gezupfte, gemischte Blätter klein schneiden und in einen Mixer geben. Geben Sie dann 0,5–0,75 l Saft dazu, am besten frisch gepresst z. B. aus Möhre, Apfel und Ananas, und mixen Sie alles gut durch. Ein Powerdrink!

191. Salbei ernten: Wie viel darf ich vom Salbei ernten, ohne dass die Pflanze dadurch allzu sehr geschwächt wird?

Junge, zarte Salbeiblättchen können Sie während der ganzen Saison über an verschiedenen Zweigen abknipsen. Noch unverholzte Triebspitzen schneiden Sie ebenfalls immer wieder nicht zu tief unten ab. Das fördert die Verzweigung, und der Halbstrauch wird schön buschig. Diese Zweige können Sie bündeln, umgekehrt aufhängen und trocknen. Salbei entfaltet übrigens sein bestes Aroma kurz vor der Blüte. Ab dem frühen Herbst sollten Sie sparsamer ernten. Die Pflanze braucht die behaarten Blätter nämlich als Winterschutz für die Triebe.

EXTRATIPP

Schnitt ins junge (grüne) oder alte (reife) Holz
Halbsträucher und Sträucher, wie Rosmarin, Lavendel, Salbei oder Berg-Bohnenkraut, sind verholzende Pflanzen. Wenn sie überwintert wurden, erhalten sie im Frühjahr einen Rückschnitt. Salbei wird dabei weit bis ins alte Holz zurückgenommen. Er besitzt eine graubraune Rinde und ist relativ steif. Rosmarin oder Lavendel werden dagegen nur bis ins junge Holz geschnitten. Das kann man an den noch biegsamen Zweigen mit grüner Rinde erkennen.

192. Seifiger Geschmack bei Zitronen-Melisse: **?**
**Meine Zitronen-Melisse wächst üppig, ich
habe viel geerntet. Doch die Blätter des letzten
Schnitts schmecken wie Seife. Was ist passiert?**

Im Laufe der Vegetationsperiode ändern sich die
Inhaltsstoffe in der Pflanze, vor allem kurz vor und
während der Blüte. Das kann dazu führen, dass für
uns angenehme Aromen plötzlich sogar unangenehm
und seifig werden, wie es eben bei der Zitronen-
Melisse der Fall ist. Deshalb ist es wichtig, die Pflanze
rechtzeitig vor Blühbeginn am besten flächig ab-
zuernten. Eine Ausnahme ist Berg-Bohnenkraut,
das während der Blüte am intensivsten schmeckt.

193. Sirup aus Zitronen-Melisse: **Im Feinkost-** **?**
**laden habe ich Sirup aus Zitronen-Melisse
gesehen. Kann ich ihn selber herstellen?**

In Sirup können Sie gut Duft und Geschmack sehr
aromatischer Kräuter wie Zitronen-Melisse einfangen
und konservieren. Auch andere stark duftende Kräuter, etwa Ananas-Salbei, Minze, Lavendel, Duft-Pelargonie, Duft-Veilchen und natürlich Rosenblüten eignen sich dazu. In Fläschchen abgefüllt, ergeben sie ein
wunderbares Geschenk. Hier ein Grundrezept, das sie
jederzeit abwandeln können. Wenn Sie die Zucker-
menge reduzieren, sollten Sie jedoch beachten, dass
der Sirup dann nicht so lange hält. Nehmen Sie ca.
400 g feinen Zucker und
lösen ihn in 500 ml Wasser

> *Kräutersirup, etwa aus
> Zitronen-Melisse, eignet
> sich sehr gut zum Mixen
> von allerlei Drinks – mit
> und ohne Alkohol.*

auf. Zum Kochen bringen und 3 Minuten ziehen lassen. Dann in ein Schraubglas umgießen und fünf bis sechs Zweige Zitronen-Melisse oder ein anderes Kraut hineingeben. Nach ein paar Stunden nehmen Sie die Kräuter heraus und füllen den fertigen Sirup in Flaschen um. Im Kühlschrank hält er mehrere Wochen.

194. Teemischung aufpeppen: Wie kann ich eine Teemischung aus grünen Blättern farblich ein wenig aufpeppen?

Farbintensive Blüten geben dem Tee nicht nur optisch eine andere Note, sondern verleihen ihm auch einen besonderen Geschmack. Gut geeignet sind z. B. Kornblume (*Centaurea cyanus*), Indianernessel (*Monarda*-Arten und -Sorten), Lavendel (*Lavandula*-Arten und -Sorten), Rosen-Malve (*Malva alcea*), Färber-Distel (*Carthamus tinctorius*), Stockrose (*Alcea rosea*), Ringelblume (*Calendula officinalis*) oder Rosen. Geben Sie die Blüten nicht schon zur Grundmischung, sondern erst bei Bedarf hinzu, dann können Sie abwechseln und immer wieder neue Highlights zaubern.

195. Transportieren: Wie kann ich frisch am Wegesrand gesammelte Kräuter schonend nach Hause bringen?

Frisch gesammelte Kräuter sind sehr empfindlich, vor allem solche mit Blüten. Nehmen Sie einen Korb und mehrere Papiertüten oder große Gefrierbeutel mit. Geben Sie die Kräuter nach Arten getrennt in die Tüten und legen Sie sie locker in den Korb. So werden sie vor Austrocknung geschützt und bleiben frisch, bis Sie zu Hause sind. Außerdem ersparen Sie sich das mühsame Auseinanderklauben der Kräuter, wenn diese bereits vorsortiert und – noch besser – beschriftet sind. Die Ernte sollten Sie dann rasch verarbeiten, damit wertvolle Inhaltsstoffe nicht verloren gehen.

Für Trockensträuße vorgesehene Blumen bündelt man nach dem Schneiden und hängt sie kopfüber auf.

196. Trocknen:
Welche Möglichkeiten gibt es, um Kräuter zu trocknen, außer sie kopfüber aufzuhängen?

Das kommt darauf an, wie groß die Erntemenge ist, die Sie verarbeiten möchten. Haben Sie viel zu trocknen, empfiehlt es sich, stapelbare Holzrahmen zu verwenden. Die können Sie entweder fertig kaufen oder selber machen. Bespannen Sie die Rahmen mit Gaze, Fliegengitter oder feinem Kaninchendraht. Legen Sie die Kräuter – je nach Art ganze Stiele oder einzelne Blätter – locker darauf und stellen Sie die Rahmen an einen trockenen, luftigen, aber zugfreien Ort ohne direkte Sonneneinstrahlung. Um Platz zu sparen, können Sie sie übereinanderstellen. Achten Sie aber darauf, dass sich das Trockengut gegenseitig nicht berührt. Wenn es schnell gehen soll, können Sie auch den Backofen benutzen. Dazu legen Sie ein Backblech oder einen Rost mit Pergamentpapier aus und verteilen darauf die Ernte. Schalten Sie die Temperatur auf die niedrigste Stufe und lassen Sie unbedingt die Backofentür einen Spalt offen, indem Sie einen Kochlöffel hineinklemmen. Diese Methode eignet sich gut für Samen, Wurzeln und fleischige Blätter. Wer viel und regelmäßig Erntegut trocknen möchte, kann sich auch ein spezielles Dörrgerät zulegen. Damit kann man besonders einfach Kräuter, Gemüse, Pilze oder Obst verarbeiten. Diese Geräte gibt es in ganz unterschiedlichen Ausführungen und Preislagen, von kleinen, einfachen bis zu größeren aufwendigen Modellen, mehrstöckig mit eingebautem Thermostat, Lüfter und dergleichen mehr.

197. Trocknen: Wie kann ich erkennen, dass meine Kräuter genügend durchgetrocknet sind, um sie einlagern zu können?

Kräuter müssen rascheltrocken sein, d. h. keine Restfeuchtigkeit mehr haben, sonst vergammeln sie im Behältnis. Machen Sie am besten vorher die Probe: Lassen sich die Blätter mit den Fingern zerbröseln und knistern beim Drücken, können Sie sie abfüllen.

198. Verfärbung beim Trocknen: Meine Salbeiblätter wurden beim Trocknen hässlich braun und haben auch kaum noch Aroma. Was habe ich falsch gemacht?

Beim Trocknen ist sehr wichtig, dass es so rasch wie möglich passiert und die Blätter vorher völlig trocken waren. Haben Sie bei feuchtem Wetter geerntet oder die Kräuter gewaschen, müssen Sie sie unbedingt gründlich trocken tupfen. Sie dürfen auch nicht übereinanderliegen, sonst dauert der Trockenvorgang zu lange, was eben zum Verfärben der Blätter und zu Aromaverlust führt. Ernten Sie Salbei am besten an einem sonnigen Nachmittag, wenn die Konzentration der Inhaltsstoffe am höchsten ist. Dann trocknen Sie ganze Triebe gebündelt oder als einzelne Blätter.

EXTRATIPP

Wäscheleine
Wenn Sie einen übrigen Raum haben, etwa einen luftigen Speicher, eine Wäschekammer oder dergleichen, können Sie darin auch eine Wäscheleine spannen. Daran hängen Sie die mit Bast oder Schnur gebündelten Kräutersträuße kopfüber mit Wäscheklammern auf. Wichtig ist, dass der Raum trocken und gut belüftet, aber trotzdem frei von Zugluft ist.

199. Wildkräuter: Immer wieder ist die Rede von Köstlichkeiten, die mit wild wachsenden Kräutern zubereitet werden. Wo finde ich die Kräuter; was muss ich beim Sammeln beachten?

Wildkräuter erfreuen sich wachsender Beliebtheit. Seit sich die Menschen wieder daran erinnern, dass Wildkräuter nicht nur sehr wohlschmeckend, sondern auch überaus gesund sind, erleben Brennnessel, Gänseblümchen und Co. eine wahre Renaissance. Inzwischen haben auch Spitzenköche den Reiz der wilden Schönheiten für sich entdeckt. Sogar viel geschmähte Gartenunkräuter, wie Löwenzahn, Kriechender Günsel (*Ajuga reptans*), Giersch (*Aegopodium podagraria*) oder Gundermann (*Glechoma hederacea*), bereichern den Speisezettel auf das Schönste. Auch Sauerampfer (*Rumex*-Arten), Bär-Lauch (*Allium ursinum*), Sauerklee (*Oxalis acetosella*), Vogelmiere (*Stellaria media*), Echtes Labkraut (*Galium verum*), Wiesen-Klee (*Trifolium pratense*), Knoblauchsrauke (*Alliaria petiolata*), Echter Steinklee (*Melilotus officinalis*) oder Blutwurz (*Potentilla erecta*) sind wahre Leckerbissen. Für das Sammeln gelten einige Regeln, die Sie beherzigen sollten: 1. Sammeln Sie nur Pflanzen, die Sie sicher und zweifelsfrei kennen. Das gilt vor allem für Doldenblütler wie Wilde Möhre (*Daucus carota*), Wiesen-Kerbel (*Anthriscus sylvestris*) oder Wiesen-Kümmel (*Carum carvi*), die ver-

INFO

Kräuterseminare & Kräuterwanderungen
Wer sich intensiver mit den Wildkräutern beschäftigen möchte, besucht am besten einen entsprechenden Kurs. Es werden Seminare und Kräuterwanderungen angeboten, in denen Experten Grundkenntnisse im Pflanzenbestimmen, Sammeln und Verarbeiten vermitteln. Auch Bestimmungsbücher helfen beim sicheren Erkennen von Pflanzen.

schiedene hochgiftige Verwandte haben, z. B. den Wasserschierling (*Cicuta virosa*) oder die Hundspetersilie (*Aethusa cynapium* ssp. *cynapium*). Diese sind für Unkundige nur sehr schwer zu unterscheiden.

2. Selbstverständlich werden keine geschützten Pflanzen gesammelt. In Naturschutzgebieten ist das Sammeln verboten.

3. Sammeln Sie nur von möglichst naturbelassenen Stellen, also fernab von großen Straßen, Bahndämmen, gedüngten Wiesen und dergleichen.

4. Reißen Sie keine Pflanzen aus, sondern schneiden Sie mit einem scharfen Messer oder einer Schere nur die gewünschten Teile ab, und auch nur so viel, wie Sie wirklich brauchen.

5. Lassen Sie immer genügend Material an der Pflanze, sodass sie sich wieder regenerieren kann.

200. **Wurzeln ernten: Wann grabe ich Wurzeln von Kalmus und Engelwurz aus?**

Die Wurzeln der Echten Engelwurz (*Angelica archangelica*) können Sie entweder im Frühjahr oder im Spätherbst ausgraben, in Scheiben schneiden und trocknen. Kalmuswurzeln (*Acorus calamus*) werden am besten während der Blütezeit entnommen.

201. **Wurzeln schimmeln: Die Eibischwurzeln schimmeln nach einiger Zeit. Wie lässt sich das verhindern?**

Indem nur vollständig durchgetrocknete Wurzeln aufbewahrt werden. Schneiden Sie das Erntegut in Stücke, fädeln Sie es mithilfe einer dicken Stopfnadel auf kräftiges Küchengarn und hängen Sie es an einem schattigen, trockenen Platz auf. Achten Sie dabei darauf, dass sich die einzelnen Teile gegenseitig nicht berühren. Erst wenn sich die Stücke leicht brechen lassen, sind sie ausreichend trocken.

In Küche und Haushalt

Lecker und einfach dufte –
noch Fragen zur Kräuterküche?
Hier finden Sie die Antworten, wie
Ihre Kräuter aus dem Garten oder
vom Balkon ihre Geschmacks-
vielfalt preisgeben und sich
zudem dekorativ in Szene setzen.

202. Anis: **Wir haben Anis gesät. Müssen wir auf die Samenernte warten, oder lassen sich auch Blätter und Blüten zum Würzen verwenden?**

Die jungen Blätter des Anis (*Pimpinella anisum*) können zu Salaten gemischt oder über Suppen und Gemüsegerichte gestreut werden sowie Fruchtsalate extravagant mit einem Hauch Lakritze würzen. Mit den filigranen Blütendolden lässt sich prima garnieren.

203. Asiatische Gewürzkräuter: **Ich koche gern asiatisch. Zur authentischen Küche gehören Kräuter wie Vietnamesischer Koriander oder Thai-Basilikum. Wie verwende ich sie?**

Beide Kräuter sind für die Küchen Vietnams, Malaysias und Thailands unverzichtbar. Das scharfe Aroma des Vietnamesischen Korianders (*Persicaria odorata*) erinnert stark an Koriander (*Coriandrum sativum*) und würzt Nudelsuppen, aber auch Gemüse-, Eier- und Fischgerichte sowie Sandwiches. Thai-Basilikum (*Ocimum basilicum*) prägt mit süßlich-scharfem Geschmack und einem Hauch von Anis unzählige Speisen, vor allem mit Huhn oder Gemüse. Thailändisches Zitronen-Basilikum passt am besten zu Fisch. Geben Sie frische Blätter, ganz oder grob gehackt, erst kurz vor dem Servieren zu. Das Kleine Basilikum oder Tulsi (*Ocimum tenuiflorum*) dagegen sollten Sie immer kurz mitkochen oder -braten, da seine Blätter erst dann ihre typisch pfeffrige Würzkraft freigeben.

204. Bouquet garni: **Laut Kochrezept soll ich beim Schmoren von Lamm ein Bouquet garni hinzufügen. Woraus besteht dies?**

Ein Bouquet garni ist ein Kräutersträußchen zum Würzen von Saucen, Fonds und Suppen. Klassisch wird dieser Würzstrauß aus Petersilie (*Petroselinum*

GUTEN APPETIT: KLASSISCH GEWÜRZT

WÜRZ-MISCHUNG	BESTANDTEILE	VERWENDUNG
Bouquet garni	Petersilie, Thymian, Lorbeer (auch weitere Kräuter sowie Gemüse wie Zwiebel, Lauch, Sellerie und Zitronenschale)	zur Würze von Brühen, Saucen, Fonds, Fisch- und Fleischgerichten
Fines herbes	Schnitt-Lauch, Kerbel, Petersilie, Estragon (auch weitere Kräuter wie Basilikum, Thymian, Pimpinelle sowie Gemüse wie Sellerie, Fenchel, Zwiebel, Pilze)	zur Zubereitung von Suppen, Eierspeisen, Saucen und zur Würze von Frischkäse und Quark
Frankfurter grüne Sauce	traditionell aus sieben Kräutern: Petersilie, Schnitt-Lauch, Kerbel, Sauerampfer, Borretsch, Kresse, Pimpinelle	zu Kartoffeln, Eiern, gekochtem Fleisch und Fisch
Gremolata	Petersilie, Knob-Lauch, Zitronenschale (auch Sardellen, Chilischoten, weitere Kräuter)	traditionelle Beilage zu italienischen Gerichten wie Ossobuco, Risotto, Polenta
Harissa	Chilischoten, Knob-Lauch, Salz, Kreuzkümmel, Koriander	scharfe Würzpaste für orientalische Gerichte, z. B. Kuskus, Suppen, Reisgerichte
Kräuter der Provence	Thymian, Rosmarin, Lorbeer, Bohnenkraut, Majoran (auch Anis, Basilikum, Liebstöckel, Kerbel, Salbei, Lavendel, Estragon, Oregano, Fenchel und Wacholder)	meist getrocknete Würzmischung für Essige, Öle, Marinaden sowie für mediterrane Fisch-, Fleisch- und Gemüsegerichte
Suppengrün	Möhre, Sellerie, Zwiebel, Lauch sowie Petersilie, Schnitt-Sellerie, Liebstöckel, Thymian	zur Zubereitung von Brühen, Suppen, Eintöpfen und Schmorgerichten

crispum), Thymian (*Thymus vulgaris*) und Lorbeer (*Laurus nobilis*) gebunden. Je nach Verwendung kommen weitere Kräuter hinzu, bei Lamm etwa Estragon (*Artemisia dracunculus*), Rosmarin (*Rosmarinus officinalis*), Bohnenkraut (*Satureja*) sowie noch etwas Wurzelgemüse und Zitronenschale. Die Zutaten werden dann alle zu einem Strauß gebündelt und mit etwas Küchengarn zusammengebunden oder in ein Lauchblatt gewickelt.

205. Brot würzen: Mit welchen Kräutern kann ich Brotteig verfeinern?

Traditionelle Würzkräuter für Brot sind die Früchte von Kümmel (*Carum carvi*), Koriander (*Coriandrum sativum*) und Fenchel (*Foeniculum vulgare*). Brot lässt sich zudem mit den Früchten von Anis (*Pimpinella anisum*), Schwarzkümmel (*Nigella sativa*), Süßdolde (*Myrrhis odorata*), Mohn (*Papaver*), Liebstöckel (*Levisticum officinale*) oder Dill (*Anethum graveolens*) abschmecken. Weiterhin eignen sich die hitzeverträglichen Blätter von Rosmarin (*Rosmarinus officinalis*), Salbei (*Salvia*), Oregano (*Origanum vulgare*) oder Thymian (*Thymus*). Und warum sollte man Brot nicht einmal mit Wildkräutern wie Brennnessel (*Urtica dioica*), Bär-Lauch (*Allium ursinum*) oder Hirtentäschel (*Capsella bursa-pastoris*) würzen?

206. Brotaufstrich: Aus meinen Kindertagen ist mir das Schnittlauchbrot noch immer als kulinarischer Hochgenuss im Gedächtnis. Gibt es noch einen weiteren leckeren Brotaufstrich mit Kräutern?

Bereiten Sie pflanzliches Schmalz zu: 200 g Pflanzenfett mit 80 ml Pflanzenöl erwärmen, einen gut gehäuften Esslöffel Röstzwiebeln und 2–3 Esslöffel frische oder getrocknete, fein gehackte Kräuter

(z. B. Majoran oder Thymian) sowie eine Prise Salz untermischen, alles erkalten lassen. Bei den Kräutern können Sie ganz nach Belieben variieren, auch Blüten oder Kräuterfrüchte zugeben sowie mit weiteren Gewürzen experimentieren. Als Brotaufstrich können Sie ebenso ein Pesto (→ Frage 233) verwenden, hier sollten Sie nur darauf achten, dass das Pesto nicht zu dünnflüssig ist, sondern eher pastenartig dick. Diese Konsistenz bekommen Sie, indem Sie weniger Öl bzw. mehr Kräuter verwenden.

207. **Currykraut: Schmeckt Currykraut nach Curry, und kann ich damit indische Speisen würzen?**

Currykraut (*Helichrysum italicum* ssp. *serotinum*) duftet nicht nur nach Curry, sondern gibt dieses Aroma tatsächlich auch an Speisen ab. Allerdings ist die Würzkraft mit der echter Curry-Mischungen aus den verschiedensten Gewürzen nicht zu vergleichen. Kochen Sie einige Zweige bei Reis, Suppen oder Schmorgerichten kurz mit und entfernen Sie diese vor dem Servieren wieder, so bekommen Sie einen zarten Duft und ein feines Aroma von Curry hinein. Verwenden Sie Currykraut jedoch sparsam, bei Überdosierung können Magenreizungen auftreten.

EXTRATIPP

Das eignet sich für Kräuterquark
Mit Sahne, Joghurt oder Milch glatt gerührter Quark ist beliebt als Brotaufstrich oder Beilage zu Kartoffeln. Dazu kommen frische, fein gehackte Kräuter sowie, nach Belieben, gewürfelte Zwiebeln, Oliven, Tomaten, Gurken oder Radieschen. Die Wahl der Kräuter richtet sich nach Saison und Geschmack. Schnitt-Lauch pur, exotische Mischungen mit Gewürz-Tagetes (*Tagetes lucida*) sowie Keimlinge und Wildkräuter wie Giersch (*Aegopodium podagraria*) ergeben immer neue Geschmackserlebnisse.

208. Dekoration: Wie kann ich mit Kräutern etwas Dekoratives für meine Küche oder zum Verschenken basteln? **?**

Eine einfache, aber sehr wirkungsvolle Form ist ein Kräuterstrauß, den Sie aus allen Kräutern binden können, die Ihr Garten gerade hergibt. Ob mit oder ohne Blüten, so ein Strauß sieht immer gut aus. Er

AROMATISCH
Dieser Kranz aus Würz-kräutern wird durch Rin-gelblumen aufgepeppt.

1

LORBEERKRANZ
Stecken Sie die Blätter schuppenartig auf einen Steckschaumrohling.

2

3
PLATZDEKORATION
Hierfür windet man feine Gewürzkräuter auf einen dünnen Drahtreif.

4
SCHARFE SACHE
Bunte Chilischoten bin-det man dicht an dicht auf einen Strohrohling.

kann locker duftig sein oder kompakt wie ein Bieder-
meierstrauß, eingefasst mit einer Blattmanschette.
Klassische Küchendeko ist der Knoblauchzopf. Hierfür verflechten Sie Knoblauchknollen mit den langen
Röhrenblätter zu einem dicken Zopf. Dazwischen
können Sie Kräuter wie Rosmarin oder Lorbeer sowie
Chilischoten oder Vanillestangen einarbeiten.

209. Düfte erhalten: Kann ich mir die wunderbaren Kräuterdüfte über längere Zeit erhalten?

Am besten gelingt Ihnen dies mit einem Potpourri,
was so viel wie „Allerlei" heißt. Mischen Sie Blätter,
Blüten und Früchte verschiedener Duftkräuter und
geben zur Bewahrung der Düfte ein Fixativ zu. Dafür
ist pulverisierte Veilchenwurzel beliebt, die nach Veilchen riecht, aber eigentlich das Rhizom von Schwert-
lilien (*Iris*) ist, meist von der Florentiner Schwertlilie
(*Iris germanica* 'Florentina'). Für zwei Tassen Blätter
und Blüten benötigen Sie etwa 1–2 Esslöffel Pulver,
das Sie innig mit den übrigen Zutaten vermengen.

210. Duft-Pelargonien: Kann man die Blätter und Blüten der Rosen-Pelargonie auch in der Küche verwenden?

Neben der Rosen-Pelargonie (*Pelargonium* × *graveolens*) eignen sich zum Kochen, Backen und Aromatisieren auch viele andere Duft-Pelargonien, etwa
die Zitronenduft-Pelargonie (*P. crispum*) oder die
Balsamduft-Pelargonie (*P. radens*). Stellen Sie z. B.
Duftpelargonienzucker (→ Frage 253) her, er passt
wunderbar zu frischen Früchten. Duft-Pelargonien
aromatisieren auch viele andere Süßspeisen wie Pudding, Cremes, Kompott, Gelees oder Konfitüren sowie
Sirup, Tee oder Bowle. Die Blüten können Sie frisch
oder kandiert zum Garnieren verwenden; sie besitzen
kein so ausgeprägtes Aroma wie die Blätter.

DUFT-PELARGONIEN (*PELARGONIUM*)

P. crispum 'Variegatum'
von stark gekräuselten apfelgrünen, cremefarben
umrandeten Blättern geht ein zitroniger Duft aus;
im Sommer erscheinen rosafarbene Blüten

Pelargonium × fragrans
zierliche Pflanze mit graugrünen, weichfilzigen, ge-
lappten Blättern, die harzig nach Kiefer und Mus-
kat duften; cremeweiße, rötlich gefleckte Blüten

ROSEN-PELARGONIE (*P. × graveolens*)
auch Zitronen-Geranie genannt; reingrüne Blätter
mit intensivem, blumig-fruchtigem Duft; rosa bis
violette Blüten mit dunklem Schlund

APFELDUFT-PELARGONIE (*P. odoratissimum*)
kriechender oder hängender Wuchs, hellgrüne,
samtige, runde Blätter mit Apfelduft; kleine weiße
Blüten, die zahlreich erscheinen

EICHBLATT-PELARGONIE (*P. quercifolium*)
stark wachsende Form mit eichenähnlichen,
dunkelgrünen, bräunlich geäderten Blättern mit
herbem Aroma; große rosalila Blüten

BALSAMDUFT-PELARGONIE (*P. radens*)
kräftige Art mit dunkelgrünen, fein fiederschnit-
tigen Blättern, die balsamisch-harzig ähnlich wie
Kiefern duften; zarte, hellrosa Blüten

PFEFFERMINZ-PELARGONIE (*P. tomentosum*)
breitwüchsige, ausladende Art mit sehr weichen,
hellgrünen bis graugrünen Blättern, intensiver
Minzeduft; Blüten erscheinen selten

211. Eingelegtes würzen: Was würzt sauer Eingelegtes wie Gurken oder Mixed Pickles?

Saure Gurken und andere Gemüse würzt man seit alters mit Dill (*Anethum graveolens*), und zwar vor allem mit den Blütendolden und Früchten. Grundsätzlich können Sie auch viele andere Kräuter für andere Geschmacksnoten verwenden. Probieren Sie Estragon (*Artemisia dracunculus*), Bohnenkraut (*Satureja*), Basilikum (*Ocimum basilicum*), Thymian (*Thymus*) sowie Knob-Lauch (*Allium sativum*), Meerrettich (*Armoracia rusticana*), Chili (*Capsicum annuum*) und Ingwer (*Zingiber officinale*).

212. Ersatzweise Gemüse: Können das Grün von Knollenfenchel oder die Blätter vom Knollensellerie Kräuter in der Küche ersetzen?

Die zarten Blätter von Fenchel (*Foeniculum vulgare*) und Sellerie (*Apium graveolens*) würzen nicht nur fantastisch, sie enthalten zudem besonders viele gesunde Inhaltsstoffe. Sie können andere Küchenkräuter ersetzen, aber auch ergänzen.

213. Essbare Blüten: Darf man die Blüten von Kräutern eigentlich mitessen?

Ja, Blüten von essbaren Kräutern sind ausnahmslos genießbar und sogar oft besonders köstlich. Die grazilen Gebilde schmecken in der Regel wie die Blätter, nur viel zarter. Beim Schnitt Lauch (*Allium schoenoprasum*) etwa zupfen Sie die hellvioletten Blütchen einfach aus und streuen sie aufs Butterbrot, das ist dann ein ebenso kulinarischer wie optischer Genuss. Himmelblaue Borretschblüten (*Borago officinalis*) krönen Salate wie Süßspeisen, knallrote Fruchtsalbeiblüten (*Salvia*) machen richtig Appetit, und Minzeblüten (*Mentha*) kitzeln Nase und Gaumen.

214. Essig: In meiner Küche verwende ich gerne Estragonessig. Was ist zu beachten, wenn ich ihn selber herstellen möchte?

Damit die feine Estragonwürze (*Artemisia dracunculus*) optimal zur Geltung kommt, sollten Sie einen möglichst milden Essig mit wenig Säure und Eigengeschmack bevorzugen, beispielsweise einen Aceto bianco, einen hellen Wein- oder Apfelessig. Außer Estragon können Sie Essig noch mit vielen anderen Kräutern verfeinern, z. B. mit Bär-Lauch (*Allium ursinum*) oder Zitronen-Melisse (*Melissa officinalis*). Auch Blüten und Früchte eignen sich, wie Duft-Veilchen (*Viola odorata*) oder Fenchelfrüchte (*Foeniculum vulgare*).

215. Färben mit Kräutern: Ostern steht vor der Tür, und ich möchte meine Ostereier mit natürlichen Färbemitteln bunt gestalten. Mit Safran färbe ich die Eier gelb. Wie bekomme ich rote, grüne oder blaue Eier?

Rot- bis Violetttöne erhalten Sie, indem Sie die Eier in einem Sud aus getrockneten Blüten der Schwarzen Stockrose (*Alcea rosea* 'Nigra'), aus Rinde vom Apfelbaum oder in einem starken Malventee kochen. Schön rot werden die Eier auch mit Rote-Bete-Saft, lila mit Rotkohlblättern und rötlich mit Schwarzem Johannisbeersaft. Grün färben Petersilie (*Petroselinum crispum*), Schachtelhalm (*Equisetum arvense*), Wein-Raute (*Ruta graveolens*) oder Johanniskraut (*Hypericum perforatum*). Gelbe Eier erhalten Sie dank Schafgarbe (*Achillea millefolium*), Brennnessel (*Urtica dioica*) oder Kamille (*Matricaria recutita*). Eine blaugraue Naturfarbe ergeben die Beeren des Schwarzen Holunders (*Sambucus nigra*) oder die Blüten der Malve (*Malva*). Weichen Sie reichlich Blätter bzw. Blüten über Nacht in Wasser ein, und kochen Sie den Ansatz am Folgetag etwa 30 Minuten lang, bevor Sie die Eier darin garen. Wenn Sie etwas Pottasche oder Alaun (aus der Apotheke, 1 Teelöffel pro Liter) zum Farbsud mischen, werden die Farben meist kräftiger. Mit einem Schuss Essig dagegen bleiben die Farben heller.

216. Fisch: Welche Kräuter passen besonders gut zu Fischgerichten?

Zu Fisch empfehlen wir fein-würzige Arten wie Kerbel (*Anthriscus cerefolium*), Zitronen-Melisse (*Melissa officinalis*), Schnitt-Lauch (*Allium schoenoprasum*), Dill (*Anethum graveolens*) oder Petersilie (*Petroselinum crispum*). Eine besondere Note erhält er im Kräutermantel gegart, z. B. mit Estragon (*Artemisia dracunculus*), Beinwell (*Symphytum officinale*) oder Schafgarbe (*Achillea millefolium*). Bei gegrilltem Fisch passen bewährte Grillkräuter wie Rosmarin (*Rosmarinus officinalis*), Lorbeer (*Laurus nobilis*), Thymian (*Thymus*) oder Zitronengras (*Cymbopogon citratus*). Kochfisch würzt man mit Safran (*Crocus sativus*) oder Ingwer (*Zingiber officinale*). Zu Fisch und Meeresfrüchten harmonieren zudem Wein-Raute (*Ruta graveolens*) und Austernpflanze (*Mertensia maritima*).

1 ▷ *Natürlich gefärbte Ostereier leuchten intensiver, wenn man sie ganz dünn mit etwas Öl oder einer Speckschwarte einreibt.*

2 ▷ *Für Kräutermuster belegt man Ostereier mit Blättern, bindet sie fest in einen alten Nylonstrumpf und färbt sie erst dann.*

217. Frittieren: Lassen sich Kräuter ähnlich wie Gemüse in dünnen Streifen oder Scheiben in heißem Fett backen?

Kräuter können Sie ohne Weiteres in heißem Öl ausbacken, vorzugsweise Blätter. Petersilie (*Petroselinum crispum*) beispielsweise wird durch das Frittieren knusprig und schmeckt plötzlich ganz anders als gewohnt. Dazu müssen Sie die sauberen, sehr gut abgetrockneten Blätter nur ganz kurz in heißes Frittierfett geben, doch Vorsicht: Durch den hohen Wassergehalt in den Blättern kann es spritzen, meist schäumt es auch kräftig auf! Verwenden Sie daher unbedingt einen hohen Topf. Anschließend lässt man die Blätter auf Küchenpapier abtropfen und salzt leicht nach Belieben. Neben Petersilie eignen sich dazu Basilikum (*Ocimum basilicum*), Schnitt-Sellerie (*Apium graveolens* var. *secalinum*), Japanische Petersilie (*Cryptotaenia japonica*), Roter Shiso (*Perilla frutescens* var. *frutescens*), Liebstöckel (*Levisticum officinale*) oder Salbei (*Salvia*). Auch viele Wildkräuter eignen sich zum Frittieren, etwa Spitz-Wegerich (*Plantago lanceolata*), Wiesen-Bärenklau (*Heracleum sphondylium*) oder Blätter der Wilden Malve (*Malva sylvestris*). Eine überraschende Delikatesse ergeben Blüten- und Fruchtstände von Süßdolde (*Myrrhis odorata*), Kümmel (*Carum carvi*) oder Brennnessel (*Urtica dioica*) sowie die Blütenköpfchen von Huflattich (*Tussilago farfara*), Gänseblümchen (*Bellis perennis*) oder Kamille (*Matricaria recutita*).

218. Gewürzkräuter mischen: Kann man Gewürzkräuter ganz nach Belieben miteinander mischen?

Bedenken Sie, dass die individuellen Duft- und Geschmacksnoten der einzelnen Kräuter durch eine allzu bunte Mischung schnell verloren gehen können. Deshalb sollten Sie nicht zu viele Arten zusammen verwenden, sondern lieber auf die Würz-kraft eines Krauts vertrauen. Greifen Sie aber ruhig zu bewährten Kräutermischungen, etwa den altbe-kannten Salatkräutern wie Petersilie (*Petroselinum crispum*), Schnitt-Lauch (*Allium schoenoprasum*) und Basilikum (*Ocimum basilicum*) oder einer mediterranen Mischung aus Rosmarin (*Rosmarinus officinalis*), Salbei (*Salvia officinalis*) und Thymian (*Thymus vulgaris*). Kombinieren lassen sich Kräuter mit ähnlicher Geschmacksrichtung, also etwa milde und in eine eher süßliche Richtung tendierende Kräuter mit Anisnote wie Dill (*Anethum graveolens*), Kerbel (*Anthriscus cerefolium*) und Fenchel (*Foeni-culum vulgare*). Auch kräftige Arten mit pfeffriger Schärfe passen gut zusammen, z. B. Schwarzer Senf (*Brassica nigra*) und Kresse (*Lepidium sativum*). Vor-sicht ist immer dann geboten, wenn ein Würzkraut einen hervorstechenden Eigengeschmack hat wie Wermut (*Artemisia absinthium*), Wein-Raute (*Ruta graveolens*), Andorn (*Marrubium vulgare*) oder Mexikanischer Koriander (*Eryngium foetidum*) und ebenso Süßkraut (*Stevia rebaudiana*). Von diesen reicht oft schon ein Blatt aus, um einem Gericht eine markante Würze zu verleihen. Dementsprechend würden sie auch alle Nuancen anderer Kräuter unter-drücken. Solche Kräuter verwenden Sie stets solo.

EXTRATIPP

Pfiffige Knabberartikel: Salbeimäuschen

In Ausbackteig getauchte und frittierte Salbeiblätter sind eine leckere Knabberei. Rühren Sie dafür aus 125 g Mehl, 4 Ess-löffel Wasser, 1 Eigelb und 1 Esslöffel zerlassener Butter einen zähflüssigen Teig. 20 Minuten quellen lassen und dann ein steif geschlagenes Eiweiß unterheben. Ziehen Sie gewasche-ne und gut abgetrocknete Salbeiblätter durch den Teig und backen Sie sie in heißem Frittierfett goldbraun aus. Auf Küchenkrepp abtropfen lassen; nach Belieben leicht salzen.

DIE GESCHMACKSRICHTUNGEN

GESCHMACKS-RICHTUNG	KRÄUTER
Säuerlich bis frisch würzig	Borretsch (*Borago officinalis*) Zitronen-Melisse (*Melissa officinalis*) Sauerampfer (*Rumex*-Arten) Pimpinelle (*Sanguisorba minor*) Tripmadam (*Sedum reflexum*)
Scharf-würzig bis pfeffrig	Schnitt-Lauch (*Allium schoenoprasum*) Meerrettich (*Armoracia rusticana*) Barbarakraut (*Barbarea vulgaris*) Schwarzer Senf (*Brassica nigra*) Chili (*Capsicum annuum*) Kresse (*Lepidium sativum*) Brunnenkresse (*Nasturtium officinale*)
Kräftig würzig, auch dominant	Kümmel (*Carum carvi*) Lorbeer (*Laurus nobilis*) Liebstöckel (*Levisticum officinale*) Majoran (*Origanum majorana*) Petersilie (*Petroselinum crispum*) Rosmarin (*Rosmarinus officinalis*) Salbei (*Salvia officinalis*) Bohnenkraut (*Satureja*-Arten) Thymian (*Thymus*-Arten)
Süßlich-aromatisch mit Anisaroma	Dill (*Anethum graveolens*) Kerbel (*Anthriscus cerefolium*) Estragon (*Artemisia dracunculus*) Koriander (*Coriandrum sativum*) Fenchel (*Foeniculum vulgare*) Anis (*Pimpinella anisum*) Gewürz-Tagetes (*Tagetes lucida*)
Bitter-aromatisch	Eberraute (*Artemisia abrotanum*) Wermut (*Artemisia absinthium*) Beifuß (*Artemisia vulgaris*) Wein-Raute (*Ruta graveolens*)
Süß bis blumig	Lavendel (*Lavandula angustifolia*) Süßdolde (*Myrrhis odorata*) Süßkraut (*Stevia rebaudiana*)
Individualisten mit charakteristischem Aroma	Bär-Lauch (*Allium ursinum*) Waldmeister (*Galium odoratum*) Pfeffer-Minze (*Mentha × piperita*) Basilikum (*Ocimum basilicum*)

219. Grüne Farbe erhalten: Zu Gründonnerstag kommt traditionell eine Kräutersuppe auf den Tisch. Was kann ich tun, damit die Kerbel- oder Kressesuppe appetitlich grün bleibt?

Zum einen dürfen Sie die Kräuter erst ganz kurz vor dem Servieren zur heißen Suppe geben und diese dann keinesfalls mehr aufkochen lassen, denn sowohl Kerbel (*Anthriscus cerefolium*) als auch Kresse (*Lepidium sativum*) sind nicht hitzestabil und verkochen sehr leicht. Das gilt ebenso für Basilikum (*Ocimum basilicum*) oder Schnitt-Lauch (*Allium schoenoprasum*). Zum anderen können Sie der Suppe einen Schuss Zitronensaft zufügen. Dessen Säure sorgt dafür, dass die schöne grüne Färbung nicht so schnell verloren geht. Wollen Sie die Suppe ganz besonders sattgrün gefärbt, hier ein Trick: Pürieren Sie eine Handvoll Blätter der Petersilie (*Petroselinum crispum*) oder des Bär-Lauchs (*Allium ursinum*) mit möglichst wenig Sahne oder Milch, sieben Sie dann ab und färben Sie Ihre Suppe mit diesem Extrakt.

220. Haustiere: Können auch Haustiere von Gartenkräutern profitieren?

Katzen lieben Baldrian (*Valeriana officinalis*) und Gewöhnliche Katzenminze (*Nepeta cataria*). Füllen Sie ein Stoffsäckchen oder einen alten Strumpf mit dem getrocknetem Kraut dieser Arten – Ihre Katze wird es als Spielzeug lieben. Tee oder Tinktur aus Baldrian eignet sich außerdem als sanftes Beruhigungsmittel für Kaninchen, Meerschweinchen, Katzen und Co., wenn diese etwa durch Gewitterdonner, Feuerwerk oder anderen Lärm verschreckt werden. Zwergkaninchen und Meerschweinchen spielen gerne mit Papprollen, die voller frischer Kräuter wie Zitronen-Melisse (*Melissa officinalis*) oder Rucola (*Eruca sativa*) stecken. Rosmarin (*Rosmarinus officinalis*), Wermut (*Artemisia absinthium*) oder Rainfarn (*Tanacetum vulgare*) können Sie zu einem Tee brauen und damit Decke oder Kissenbezug des Schlafkorbs Ihres Hundes tränken – das hält Ungeziefer fern. Kräuter können Sie aber auch ins Futter der Haustiere mischen. Durch ihre unzähligen Ballaststoffe, Vitamine und Mineralstoffe reichern sie die Nahrung zusätzlich an. Am besten fragen Sie Ihren Tierarzt, welche Kräuter Ihr Haustier braucht und verträgt.

> **EXTRATIPP**
>
> **Vogelmiere für Kanarienvogel & Co.** Vogelmiere bzw. Vogel-Sternmiere (*Stellaria media*) trägt nicht umsonst diesen Namen: Ziervögel lieben das Wildkraut als Futter. Kanarienvögel und Wellensittiche mögen besonders die noch unreifen Früchte der zart nach Spinat duftenden Pflanze. Aus Samen lässt sich Vogelmiere sehr einfach im Blumentopf oder im Balkonkasten ziehen.

221. Kapern: Kann ich Kapern eigentlich auch selbst ernten und einlegen?

„Echte" Kapern sind die Blütenknospen des Kapernstrauchs (*Capparis spinosa*) aus dem Mittelmeerraum. Er lässt sich bei uns nur schwer ziehen. Trotzdem können Sie eigene Kapern zubereiten. Verwenden Sie dafür einfach andere Blütenknospen, z. B. von Kapuzinerkresse (*Tropaeolum majus*), Ringelblume (*Calendula officinalis*), Schnitt-Knoblauch (*Allium tuberosum*), Löwenzahn (*Taraxacum* sect. *Ruderale*) oder Gänseblümchen (*Bellis perennis*). Wichtig ist, dass die Blütenknospen noch ganz geschlossen sind. Bestens geeignet zum Einlegen sind auch die jungen, unreifen Früchte der Malven (*Malva*) oder die Früchte von Bär-Lauch (*Allium ursinum*) und Hirtentäschel (*Capsella bursa-pastoris*). Waschen Sie die „falschen" Kapern, trocknen Sie sie gut ab und bestreuen Sie sie mit etwas Salz. Nach etwa einer Stunde legen Sie sie in Kräuter- oder Weißweinessig und kochen das Ganze einmal auf. In Gläser füllen und kühl lagern. Nach etwa zwei Wochen sind sie bereit zum Verzehr.

222. Kleidung parfümieren: Kann ich mit Kräuterdüften auch Wäsche und Kleidung parfümieren?

Fertigen Sie Duftsachets an: Füllen Sie kleine Stoffbeutel mit süß duftenden, getrockneten Kräutern wie Lavendel (*Lavandula officinalis*), Duft-Pelargonien (*Pelargonium*), Römischer Kamille (*Chamaemelum nobile*), Waldmeister (*Galium odoratum*), Mädesüß (*Filipendula ulmaria*), Zitronen-Verbene (*Aloysia triphylla*), Balsamstrauch (*Cedronella canariensis*) oder Balsamkraut (*Tanacetum balsamita*). Diese Beutel legen Sie zwischen Ihre Wäsche oder hängen sie an Kleiderbügel. Sehr effektiv wirkt ein Zopf geflochten aus Duftendem Mariengras (*Hierochloe odorata*).

223. Konfitüre aromatisieren: Ich koche viel Konfitüre aus verschiedenen Früchten. Kann ich diese mit Kräutern aromatisieren?

Sie versäumen etwas, wenn Sie Konfitüren und Gelees nicht mit Kräutern würzen! Dadurch bekommt mancher klassische süße Brotaufstrich eine neue Qualität. Mischen Sie Zitronen-Melisse (*Melissa officinalis*) in Aprikosenkonfiture, Pfeffer-Minze (*Mentha × piperita*) zu Erdbeeren, Lavendel (*Lavandula officinalis*) zu Birnen, Chili (*Capsicum annuum*) zu Kirschen und Salbei (*Salvia officinalis*) zu Apfelgelee. Auch Rosmarin (*Rosmarinus officinalis*), Süßdolde (*Myrrhis odorata*), Duft-Pelargonien (*Pelargonium*), Zitronen-Thymian (*Thymus × citriodorus*), Engelwurz (*Angelica archangelica*) und Zitronen-Verbene (*Aloysia triphylla*) verfeinern Konfitüren und Gelees.

224. Königskerze: In unserem Naturgarten wachsen Königskerzen. Aus den Blüten bereiten wir Tee. Können wir die Blätter irgendwie nutzen?

Fühlen Sie die dicken, großen Blätter der Königskerze (*Verbascum*) mal an: Sie sind weich und filzig, damit eignen sie sich hervorragend als Anzündmaterial. Binden Sie die Blätter zu kleinen Bündeln und trocknen Sie diese kopfüber an einem luftigen Ort. Die trockenen Blätter rollen Sie zusammen und umwickeln sie mit etwas Naturbast. Mit diesen Bündeln entfachen Sie das Feuer im Kamin, im Ofen und sogar die Grillglut. Die Blätter eignen sich auch, um Obst länger frisch zu halten. Dafür breiten Sie sie auf Horden, Regalen oder Tabletts aus und legen die Früchte darauf. Beim allmählichen Eintrocknen gibt das Königskerzenlaub seine Feuchtigkeit an die Umgebung ab, so halten sich Äpfel, Birnen und anderes Obst besser.

225. Konservieren: Kann ich Kräuter auch anders als durch Trocknen oder Einfrieren haltbar machen?

Legen Sie Ihre Kräuter in Öl, in Essig, in Honig oder Zitronensaft ein. Darin bleiben die Kräuter vor Verfall bewahrt, Mikroorganismen können sich nicht ausbreiten. Pflücken Sie dazu nur einwandfreie Blätter oder Früchte. Diese werden gewaschen und sehr gut abgetrocknet, am besten zuerst in einer

---

EXTRATIPP

Feines Kräutergelee
Dieser kräuterwürzige Aufstrich wird Sie sicher begeistern: Legen Sie ein dickes Bund Kräuter Ihrer Wahl über Nacht in Apfelsaft ein. Am nächsten Tag Kräuter herausfischen und den aromatisierten Apfelsaft, wie gewohnt, mit Gelierzucker einkochen und in Gläser füllen. Nach Belieben fügt man kurz vor dem Abfüllen noch einmal fein gehackte Kräuter sowie Blüten hinzu.

Salatschleuder und dann noch zwischen Küchenpapier. Die trockenen Kräuter schichten Sie in Gläser oder andere Behälter und übergießen Sie mit so viel Essig, Öl, Honig oder Zitronensaft, bis alles gut bedeckt ist. Verschließen Sie die Gefäße dicht und lagern Sie sie kühl und dunkel. So eingelegt bleiben Kräuter bis zu einem halben Jahr haltbar.

> *Ringelblumenöl (links) und Johanniskrautöl (rechts) schätzt man zur Wundheilung ebenso wie als köstliche Speiseöle.*

226. Kräuterbutter zubereiten und lagern: **Zum Grillfest in unserem Garten möchte ich gerne Kräuterbutter zubereiten. Rühre ich dafür einfach gehackte Kräuter unter zimmerwarme Butter, oder muss ich die Butter zerlassen?**

Es reicht, wenn Sie zimmerwarme Butter kräftig schaumig rühren und dann die gewünschten Kräuter unter die luftige Masse heben. Zerlassen Sie die Butter, müssen Sie den sich bildenden Schaum abschöpfen, die Butter also klären. Danach sollte die Butter auch erst etwas abkühlen, bevor Sie die Kräuter untermengen. Füllen Sie die Kräuterbutter dann in ein Gefäß und stellen Sie sie in den Kühlschrank. Wenn Sie gerade noch formbar ist, können Sie die Butter als dicke Rolle in Backpapier oder Alufolie wickeln, dann lassen sich später schöne Scheiben abschneiden. Fingerdick auf eine Platte gestrichen, können Sie die gekühlte Butter gut in Würfel teilen. Im Kühlschrank hält sich Kräuterbutter etwa eine Woche, tiefgefroren bis zu drei Monate.

227. Küchendunst mildern: **Gibt es ein Kräuterrezept gegen schlechte Küchendünste?**

Erwärmen Sie die Früchte von Fenchel (*Foeniculum vulgare*), Anis (*Pimpinella anisum*), Koriander (*Coriandrum sativum*), Süßdolde (*Myrrhis odorata*) oder Wacholderbeeren in einer Pfanne. Die aufsteigenden ätherischen Öle vertreiben Küchenmief. Bevorzugen Sie frische, zitronige bis blumige Düfte, kochen Sie einen Tee aus Zitronen-Verbene (*Aloysia triphylla*), Zitronen-Melisse (*Melissa officinalis*), Minze (*Mentha*) oder Lavendel (*Lavandula officinalis*). Den Tee offen ziehen lassen, die aufsteigenden Dämpfe reinigen die Luft bereits. Den abgekühlten, abgesiebten Tee in einen Zerstäuber füllen und als Raumspray verwenden.

228. Limonade aus Kräutern: **Kann man mit Kräutern auch Limonade zubereiten?**

Dafür eignet sich die Limonadenpflanze, so nennt man *Agastache*-Arten allgemein. Aus Limonen-Ysop (*Agastache mexicana*), deren Sorte 'Toronjil Morado' (Purpur-Melisse genannt) und auch aus Koreanischer Minze (*Agastache rugosa*) bereiten Sie einen Tee. Abkühlen lassen und mit Mineralwasser aufgießen – fertig ist die Kräuterlimonade. Sie können Kräuter auch in Apfel- oder Pfirsichsaft ausziehen lassen und den aromatisierten Saft mit sprudelndem Wasser mischen. Dafür eignen sich Zitronen-Melisse (*Melissa officinalis*), Minzen (*Mentha*), Frucht-Salbei (*Salvia* spec.), Zitronen-Verbene (*Aloysia triphylla*), Mädesüß (*Filipendula ulmaria*), Gundermann (*Glechoma hederacea*), Waldmeister (*Galium odoratum*) und Katzenminze (*Nepeta cataria*). Nicht zuletzt können Sie aus Blüten und Blättern Sirup herstellen und diesen als Limonadengrundstoff verwenden. Dazu die Kräuter mit Zuckerwasser übergießen (1 kg Zucker gelöst in 1 l Wasser), einen Tag ziehen lassen, dann absieben und den Sirup in Flaschen füllen. Kühl lagern!

KRÄUTER FÜR LIMONADE, TEE & EISTEE

NAME	ERNTEGUT	WISSENSWERTES
Limonen-Ysop (*Agastache mexicana*)	Blätter und Stängel	beruhigt die Nerven
Falsche Brennnessel (*Agastache urticifolia*)	zarte Blätter und Blüten	hellrosa Blütenkerzen; für Mischungen
Zitronen-Verbene (*Aloysia triphylla*)	Blätter	Zitronenaroma; erfrischend, Haustee
Balsamstrauch (*Cedronella canariensis*)	Blätter	hanfähnliche Blätter, stark duftend nach Minze/Zitrone; für Mischungen
Zimt-Erdbeere (*Fragaria moschata*)	Blätter	feinherber, zartwürziger ausgewogener Geschmack; Haustee
Zitronen-Johanniskraut (*Hypericum hircinum*)	Blüten und junge Blätter	zitronen- und kampferartiger Geschmack; erfrischend
Zitronen-Wandelröschen (*Lantana* spec.)	Blätter	herbwürziges Zitronenaroma; für Mischungen
Kreta-Melisse (*Melissa officinalis* ssp. *altissima*)	Blätter	haarig; Limettenaroma; für Mischungen
Rosen-Monarde (*Monarda fistulosa*)	Blüten und Blätter	Duft nach Rosen und Lavendel; erfrischend
Moujean-Tee (*Nashia inaguensis*)	Blätter und Blüten	Bergamotte-, Vanilleduft (Blätter) und Honigduft (Blüten); für Mischungen
Zitronen-Katzenminze (*Nepeta cataria* var. *citriodora*)	Blätter	Zitronenaroma; erfrischend; für Mischungen
Rose (*Rosa*-Arten und -Sorten)	Blütenblätter	Aromen nach Art und Sorte verschieden; für Mischungen, Haustee
Afrikanisches Zitronenkraut (*Satureja biflora*)	Blätter	süßliches Zitrusaroma; für Mischungen
Orangen-Thymian (*Th. fragrantissimus*)	Triebspitzen	fruchtiger Geschmack; erfrischend

229. Löwenzahn schmeckt bitter: Ich esse gerne Löwenzahn, aber er ist recht bitter. Gibt es eine Möglichkeit, den Geschmack zu mildern?

Löwenzahn (*Taraxacum* sect. *Ruderale*) schmeckt viel angenehmer, wenn Sie ihn bleichen. Dazu stülpen Sie einen großen Blumentopf über die Blattrosetten. Durch den Lichtentzug werden die Blätter innerhalb weniger Tage hellgelb. Mit dem Verlust des Blattgrüns werden weniger Bitterstoffe gebildet, die Blätter bleiben insgesamt viel zarter. Das klappt bei kultiviertem ebenso wie bei wild wachsendem Löwenzahn, z. B. in Ihrer Wiese. Ein Tipp zu wildem Löwenzahn: Ernten Sie im Frühjahr nur die jüngsten, etwa fingerlangen inneren Blätter der Rosette, die besonders mild sind.

230. Maggikraut: Ist das Maggikraut, wie es der Name vermuten lässt, Hauptbestandteil der berühmten Suppenwürze?

Liebstöckel (*Levisticum officinale*) hat mit der braunen Flüssigkeit in den typisch viereckigen Flaschen nur insofern etwas gemein, dass Pflanze und Suppenwürze ähnlich riechen und schmecken. Obwohl Liebstöckel sich hervorragend zum Würzen von Suppen und Eintöpfen eignet, ist davon nichts in dem Produkt mit langer Tradition enthalten. Verwenden Sie Liebstöckel sparsam, es hat

EXTRATIPP

Suppenwürze
Nutzen Sie reiche Kräuterernten für eine eigene Suppenwürze: Mischen Sie Kräuterblätter Ihrer Wahl, z. B. Liebstöckel, Petersilie, Schnitt-Sellerie, Lorbeer, Knob-Lauch oder Thymian, und trocknen Sie diese. Anschließend vermahlen Sie die Trockenware zusammen mit Pfeffer, Gewürznelken, Piment, Wacholder (in einer alten Kaffeemühle) zu einem streufähigen Pulver.

ein starkes Aroma und kann bei Überdosierung schnell überwürzen. Man verwendet junge Blätter, die vor der Blüte geerntet werden, frisch oder eingefroren.

231. Modriger Geruch bei Büchern: In meinem Schrank stehen alte Folianten, die schon etwas modrig riechen. Kann ich diesen Geruch mit Kräutern mildern und gleichzeitig Bücherwurm und andere Schädlinge fernhalten?

In alter Zeit legte man diverse Kräuter in Bücher, um Schädlinge abzuwehren, z. B. Waldmeister (*Galium odoratum*) oder Balsamkraut (*Tanacetum balsamita*). Mit ihren sehr lange anhaltenden Düften sorgen die Pflanzen aber auch für ein angenehmes Aroma, wenn man die Bücher aufschlägt. Legen Sie einfach ein paar getrocknete Stängel oder Blätter zwischen die Seiten. Balsamkraut legte man sich früher gerne ins Gebetbuch, der minzartige Duft sollte während langer Messen wach halten. Ebenso geeignet sind Blätter vom Niem- bzw. Neembaum (*Azadirachta indica*), den Sie als Kübelpflanze (sonniger bis halbschattiger Standort; hell überwintern bei 14–18 °C) bei gut sortierten Kräutergärtnereien beziehen können.

232. Mottenschutz: Was fülle ich in Kräuter-Duftsäckchen, um Motten aus dem Kleiderschrank fernzuhalten?

Viele intensiv duftende Kräuter kommen dafür infrage. Am bekanntesten ist zu diesem Zweck Lavendel (*Lavandula angustifolia*). Aber auch Pfeffer-Minze (*Mentha × piperita*), Waldmeister (*Galium odoratum*) mit seinem Heuduft, Eberraute (*Artemisia abrotanum*) mit zitronigem oder kampferartigem Aroma empfehlen sich, um Motten und andere Schädlinge abzuwehren und gleichzeitig einen feinen Duft in den Wäscheschrank zu bringen.

233. Pesto zubereiten: Wie bereitet man ein Kräuterpesto zu?

Pesto, übersetzt „Zerdrücktes", ist allgemein eine pastenartige Würzsauce, die man ohne Kochen herstellt. Die bekannteste unter unzähligen Variationen ist das Pesto alla genovese aus frischem Basilikum (*Ocimum basilicum*), Pinienkernen, Knob-Lauch, Parmesan oder Pecorinokäse und Olivenöl. Damit ist auch das Grundrezept schon erklärt: Alle Zutaten werden im Mixer innig vermischt. Sie können die einzelnen Zutaten durch andere ersetzen, z. B. statt Basilikum Rucola (*Eruca sativa*), Bär-Lauch (*Allium ursinum*), Petersilie (*Petroselinum crispum*) oder eine Kräutermischung verwenden. Statt der Pinienkerne eignen sich alle anderen Nüsse, auch Kürbis- oder Sonnenblumenkerne. Gleiches gilt für das Öl, alle Sorten sind geeignet. Und würzen können Sie Pesto nach Ihren Vorstellungen, z. B. mit Chilis (*Capsicum annuum*), Senf oder Pfeffer. Mit sehr milden bis süßen Kräutern lässt sich ein süßes Pesto herstellen, z. B. aus Zitronen-Melisse (*Melissa officinalis*), Honig, Mandeln und einem neutralen Öl, das Sie zu Obst, Pudding oder schlichtem Kuchen reichen.

234. Petersilie: Es heißt immer, dass glatte Petersilie eine höhere Würzkraft hat als krause. Stimmt das?

Es wird zwar allgemein behauptet, dass Petersilie (*Petroselinum crispum*) mit glatten Blättern intensiver schmeckt als Sorten mit gekräuseltem Laub, doch hängt die Würzkraft auch entscheidend von den Wuchsbedingungen ab. Standort, Düngung, Bodenfeuchtigkeit, Witterung – alle diese Faktoren bestimmen oft stärker, wie kräftig sich Aroma und Geschmack der Petersilie ausprägen. Oftmals lässt sich also nur ein optischer Unterschied zwischen glatter und krauser Petersilie feststellen.

235. Potpourri: Worin besteht der Unterschied zwischen trockenem und feuchtem Potpourri?

Beim sogenannten trockenen Potpourri mischt man getrocknete Blätter, Blüten, Rindenstücke, Wurzeln und Fruchtstücke, gibt ein Fixativ wie Veilchenwurzelpulver (→ Frage 209) und eventuell noch Gewürze wie Zimt, Vanille oder Nelken dazu. Diese

> *Beim Trockenpotpourri kommen zu den rein duftenden Zutaten stets auch das Auge anregende Komponenten.*

Mischung wird dann oft noch mit ein paar Tropfen ätherischer Öle besprengt. Das feuchte Potpourri entsteht, indem man kurz angetrocknete oder sogar frische Blüten und Blätter schichtweise mit Meersalz mischt. Dies lässt man an einem dunklen, warmen Ort stehen, bis alles zu einem Block „verbacken" und völlig durchgetrocknet ist. Anschließend zerbröckelt man die Salzmischung und mischt sie nach Belieben noch mit Gewürzen oder ätherischen Ölen.

236. Rebeln: In einem Rezept steht, dass gerebelter Majoran beizufügen ist. Was bedeutet „rebeln"?

Wenn Sie getrocknete Kräuter zwischen Fingern oder Handflächen behutsam zerkleinern, die Blätter von den Stängeln streifen oder abreiben, dann rebeln Sie sie. Indem man Kräuter wie Majoran (*Origanum majorana*) sehr schonend im Ganzen trocknet, bleiben besonders viele ätherische Öle erhalten. Erst bei Gebrauch zerkleinert man die Kräuter durch Rebeln und setzt dabei die würzenden Inhaltsstoffe frei.

237. Safran: **Safran ist sehr teuer. Unsere Versuche, die Krokusart bei uns im Garten zu ziehen, schlugen fehl. Gibt es Alternativen?**

Das teuerste Gewürz der Welt, für das man sehr aufwendig allein die roten Narbenfäden des Safran-Krokusses (*Crocus sativus*) sammelt, wird bisweilen sogar mit Blütenblättern anderer Pflanzen gestreckt, um den Preis zu drücken. Genau diese Kräuter können Sie als Ersatz verwenden, allerdings ergeben sie nie die typische Würze wie echter Safran. Zupfen Sie z. B. die gelben oder orangefarbenen Blütenblätter der Ringelblume (*Calendula officinalis*) und trocknen Sie diese. Mitgekocht sorgen Ringelblumen für einen zarten Gelbton der Speisen. Auch die Färber-Distel (*Carthamus tinctorius*) liefert intensiv gefärbte Blütenblätter, die Reis oder Brühen schön hellgelb leuchten lassen.

238. Salate würzen: **Ich bin ein großer Salatfan. Kräuter gehören für mich unbedingt in jedes Salatdressing. Kann ich die würzigen Kräuter aber auch noch anders in Salaten einsetzen?**

Mischen Sie Ihren Salat direkt aus Kräutern! Petersilie (*Petroselinum crispum*), angemacht mit einem Zitronensaftdressing, ergibt einen wunderbar würzigen Salat. Auch Schnitt-Lauch (*Allium schoenoprasum*) oder Kresse (*Lepidium sativum*) kann man solo zubereiten. Für Salat eignen sich viele weitere Kräuter, darunter Rucolaarten (*Eruca, Diplotaxis*), Löffelkraut (*Cochlearia officinalis*) oder Winter-Portulak (*Montia perfoliata*), sowie Wildkräuter wie Bär-Lauch (*Allium ursinum*), Löwenzahn (*Taraxacum* sect. *Ruderale*) oder Gänseblümchen (*Bellis perennis*). Auch Arten, die sonst meist zu Spinatgemüse gekocht werden, können Sie frisch als Salat genießen, etwa Garten-Fuchsschwanz (*Amaranthus caudatus*), Melde (*Atriplex hortensis*) oder Gemüse-Malve (*Malva verticillata* var. *crispa*). Vergessen Sie die Kräuterblüten nicht!

WÜRZENDE SALATKRÄUTER

BÄR-LAUCH (*Allium ursinum*)
Wildpflanze (Verwechslungsgefahr mit Maiglöck-
chen), auch in Kultur; Ernte im Frühjahr, junge
Blätter, Blüten und Früchte mit Knoblaucharoma

GARTEN-FUCHSSCHWANZ (*Amaranthus caudatus*)
Kulturpflanze in vielen Formen; Ernte den ganzen
Sommer über, junge Blätter und Triebspitzen;
mehrfach nachsäen für längere Erntezeit

SCHNITT-SELLERIE (*A. graveolens* var. *secalinum*)
im Gegensatz zum Knollensellerie nur spindel-
förmige Wurzeln; Ernte von April bis Oktober,
junge Blätter nach Bedarf

WEISSE TAUBNESSEL (*Lamium album*)
Wildpflanze; Ernte von April bis Oktober, junge
Blätter und Triebspitzen samt der weißen Blüten,
sehr milder Geschmack

ROSEN-MALVE (*Malva alcea*)
Kulturpflanze, oft verwildert; Ernte von April bis
August, junge Blätter, Blüten sowie unreife Früch-
te; auch die anderen Malvenarten sind geeignet

AUSTERNPFLANZE (*Mertensia maritima*)
Kulturpflanze, ähnlich Feldsalat, jedoch blaugrüne,
fleischige Blätter; Ernte von Juli bis Oktober, frische Blätter schmecken nach Pilzen und Anchovis

KRONEN-WUCHERBLUME
(*Xanthophthalmum coronarium*)
Ernte von September bis Dezember, junge Blätter
(ähnlich Petersilie) und Blütenblätter

Ein Strauß Rainfarn vor der Terrassentüre hält dank seines strengen Duftes lästige Ameisen zuverlässig fern.

239. Schädlinge von Lebensmitteln fernhalten: Kann ich Vorratsschädlinge wie Mehlkäfer mithilfe von Kräutern fernhalten?

Binden Sie stark und eher herb und streng duftende Kräuter wie Wermut (*Artemisia absinthium*), Rosmarin (*Rosmarinus officinalis*), Rainfarn (*Tanacetum vulgare*), Wein-Raute (*Ruta graveolens*), Polei-Minze (*Mentha pulegium*) oder Dalmatiner Insektenblume (*Tanacetum cinerariifolium*) zu Sträußchen zusammen und verteilen Sie sie in den Vorratsschränken. Alternativ können Sie zerkleinerte Blätter dieser Kräuter in kleinen, offenen Gefäßen aufstellen. Die Düfte dieser Kräuter vertreiben Schädlinge meist sehr wirkungsvoll. Trotzdem sollten Sie Ihre Lebensmittel stets in dicht verschlossenen Behältern aufbewahren und Ihre Vorratsräume regelmäßig gründlich reinigen.

240. Scharfe Würze: Gibt es neben Chili andere Kräuter, die Speisen sehr pikant würzen – ohne die brennende Schärfe der Chilischoten?

Einige Kräuter verfügen über eine erstaunliche Schärfe, die man zunächst gar nicht vermutet. Sommer-Bohnenkraut (*Satureja hortensis*) heißt demgemäß auch Pfefferkraut. Davon gibt es spezielle Auslesen, die besonders würzkräftig sind. Auch Kresse (*Lepidium sativum*) verfügt über einen kräftig pfeffrigen Geschmack. Den Namen Pfefferkraut trägt zudem eine Verwandte der Kresse, die Breitblättrige Kresse

(*Lepidium latifolium*), eine Wildpflanze der Küsten, aber früher vielfach als Würzpflanze gärtnerisch kultiviert. Angenehme Schärfe liefern weiterhin Kleines Basilikum (*Ocimum tenuiflorum*, → Frage 203), Schwarzer Senf (*Brassica nigra*) und Weißer Senf (*Sinapis alba*), Jamaika-Thymian (*Plectranthus amboinicus*), Wiesen-Schaumkraut (*Cardamine pratensis*), die Früchte des Hirtentäschels (*Capsella bursa-pastoris*) oder Kapuzinerkresse (*Tropaeolum majus*).

241. Seife mit Kräutern: Wie stelle ich am besten eine Kräuterseife her?

Um aus Fetten und Ölen eine Naturseife von Grund auf selbst herzustellen, brauchen Sie ätzende Natronlauge und sollten über einige Erfahrung verfügen. Viel einfacher und ungefährlicher ist es, die gewünschten Kräuter in einen Seifengrundstoff einzuarbeiten.

Besorgen Sie sich Seifengrundstoff als Gießmasse, Seifenflocken, reine pflanzliche Glycerinseife oder eine milde, unparfümierte Babyseife. Zerkleinern Sie die Seifen (zerschneiden, raspeln auf grober Reibe) und erwärmen Sie alles im Wasserbad. Sobald die Grundmasse flüssig ist, können Sie ein Kräuteröl, Kräutertinktur, einen starken Kräutersud oder zerkleinerte getrocknete Kräuter untermischen. Dann wird die Masse

> **EXTRATIPP**
>
> **Seifenkraut**
> Eine Seifenkraut-Waschlauge (*Saponaria officinalis*) reinigt Leinenstoffe und Polster schonend. Eine Handvoll zerkleinerte Wurzeln und/oder Stängel in kalkfreiem Wasser über Nacht einweichen, aufkochen, 30 Minuten ziehen lassen. Absieben, einen Schwamm oder ein sauberes Tuch in den Sud tauchen und Flecken auswaschen. Stoffe kann man direkt im Sud waschen.

in kleine Formen gefüllt oder nach Abkühlung zu Kugeln geformt. In Seidenpapier gehüllt ganz trocknen lassen. Für Seifen besonders geeignet sind Kräuter wie Lavendel (*Lavandula*), Duft-Pelargonien (*Pelargonium.*), Minzen (*Mentha*), Frucht-Salbei (*Salvia*), Muskateller-Salbei (*Salvia sclarea*), Kamille (*Matricaria recutita*) oder Zitronengras (*Cymbopogon citratus*).

242. Senf: Wie geht man genau bei der Zubereitung von Kräutersenf vor?

Im einfachsten Fall mischen Sie fein gehackte Kräuter unter einen fertigen Delikatesssenf, z. B. Estragon-, Thymian-, Bär-Lauch- oder Meerrettichsenf. So verfeinerten Senf sollten Sie schnell verbrauchen, insbesondere wenn frische Kräuter zugesetzt wurden. Senf können Sie aber auch komplett selbst zubereiten. Dazu benötigen Sie die Saat des Schwarzen Senfs (*Brassica nigra*) und/oder des Weißen Senfs (*Sinapis alba*). Diese können Sie selbst im Garten anbauen und aus den reifen Schoten ernten oder kaufen. Auch Samen der Knoblauchsrauke (*Alliaria petiolata*), des Bockshornklees (*Trigonella foenum-graecum*) oder des wilden Acker-Senfs (*Sinapis arvensis*) können Sie verwenden. So stellen Sie die Senfgrundmasse her:

➤ 200 g Senfkörner (am besten schwarze und weiße gemischt) und 10–12 Esslöffel Wasser im Mixer so fein wie möglich mahlen; 2 Stunden quellen lassen.

➤ 200 ml Essig mit 1/2 Teelöffel Salz, 2 Teelöffel Zucker oder 2 Esslöffeln Honig und 5 Esslöffeln gehackten Kräutern einmal kurz aufkochen.

➤ Ausgekühlte Essig-Kräuter-Mischung langsam unter die Senfkörnermasse rühren.

➤ Nach Belieben noch 3–5 Esslöffel Öl tröpfchenweise unterrühren, damit der Senf schön cremig wird. Gekühlt hält er sich ca. sechs Monate. Dieses Grundrezept können Sie außerdem noch mit Knob-Lauch, Chili, Ingwer, Zitronensaft und vielen weiteren Gewürz- und Kräuterzutaten abwandeln.

243. Spinatkräuter: Bei meiner Oma gab es früher eine leckere Beilage ähnlich wie Spinatgemüse. War diese wohl aus Kräutern zubereitet?

Noch vor nicht allzu langer Zeit war Spinat (*Spinacia oleracea*) bei uns nicht sehr verbreitet. Vielmehr kochte man andere Blattgemüse, allen voran die Melden (*Atriplex*) und Guten Heinrich (*Chenopodium bonus-henricus*). Auch Winter-Portulak (*Montia perfoliata*), Malabarspinat (*Basella alba*), Kopfiger Erdbeerspinat (*Chenopodium capitatum*) oder Amaranth (*Amaranthus*) kamen auf den Tisch. Zudem bereicherten gesammelte Wildgemüse den Speiseplan, wie Gänsefuß (*Chenopodium*), Schlangen-Wiesenknöterich (*Bistorta officinalis*) und Hederich (*Raphanus raphanistrum*). Stets wurden die Blätter, bisweilen auch die Triebspitzen, mit wenig Wasser kurz gekocht, in etwas Fett gedünstet oder mit einer Mehleinbrenne gegart – wie man eben heutzutage Spinat zubereitet. Diese Gemüsekräuter wurden zunehmend durch den „richtigen" Spinat verdrängt, weil er leichter zu kultivieren ist und üppigere Erträge brachte. Außerdem hieß es, dass Spinat besonders viel Eisen enthalte, was jedoch auf einem Missverständnis basiert: Gemessen wurde der Eisengehalt in frischen Blättern und der Wert fälschlich für die Trockenmasse angegeben – dieser Fehler hielt sich jahrzehntelang. Zweifellos ist Spinat dank vieler wertvoller Inhaltsstoffe sehr gesund, in puncto Gehalt an Vitaminen, Mineralien und weiteren sekundären Inhaltsstoffen wird er aber oft von den althergebrachten Spinatkräutern überboten.

Senfsamen mit Wasser, Essig, Gewürzen und frischen oder getrockneten Kräutern ergeben schnell eine scharfe Würzpaste.

SPINATKRÄUTER

GIERSCH (*Aegopodium podagraria*)
Wildpflanze, als Unkraut gefürchtet, vor allem unter Hecken zu finden; Ernte von März bis Oktober, junge Blätter mit sellerieartigem Geschmack

KNOBLAUCHSRAUKE (*Alliaria petiolata*)
Wildpflanze, als Unkraut an Zäunen, Wegen, Gebüschsäumen; Ernte von März bis Juni, junge Blätter mit Knoblauchduft und würzigem Geschmack

GEMÜSE-AMARANTH (*Amaranthus tricolor*)
auch Chinesischer Spinat genannt; einjährig, versamt sich selbst; Ernte je nach Aussaat von Mai bis September, Blätter mit mildem Geschmack

GARTEN-MELDE (*Atriplex hortensis*)
auch Spanischer Spinat genannt; einjährig, versamt sich selbst; Ernte Mai bis September; junge Blätter, grün, rot oder gelb je nach Sorte

MALABARSPINAT (*Basella alba*)
auch Indischer Spinat genannt; einjährig kultiviert; Ernte Juni bis September, fleischige Blätter und Triebspitzen, milder Geschmack

WEISSER GÄNSEFUSS (*Chenopodium album*)
Wildpflanze, Brachflächen, Wegränder; Ernte von Juni bis September, junge, meist weiß bemehlte Blätter und Triebspitzen, milder Geschmack

GUTER HEINRICH (*Chenopodium bonus-henricus*)
Wildpflanze, auch in Kultur genommen, einjährig; Ernte von Juni bis September, junge Blätter mit kräftigem Geschmack

SPINATKRÄUTER

ECHTER ERDBEERSPINAT (*Chenopodium foliosum*)
altes Bauerngartengemüse mit erdbeerähnlichen
Früchten, einjährig; Ernte Juni bis September, junge
Blätter und Triebe, auch mit Blüten und Früchten

BAUMSPINAT (*Fagopyron cymosum*)
auch Wilder Buchweizen genannt, ausdauernd;
Ernte von Mai bis Oktober, junge herzförmige Blätter mit zart-nussigem Geschmack

FRANZOSENKRAUT (*Galinsoga parviflora*)
Wildpflanze, als Unkraut in vielen Gärten; Ernte
von Mai bis September, junge Blätter und Triebe
samt der knopfartigen Blüten

WASSERSPINAT (*Ipomoea aquatica*)
asiatische Kulturpflanze, einjährig; Ernte von Juni
bis August, junge Schösslinge oder Blätter; auch
als Zierpflanze an Gewässerrändern

RAINKOHL (*Lapsana communis*)
Wildpflanze, als Unkraut an Wegrändern, Zäunen;
Ernte von Juni bis August, junge Blätter mit herb-
würzigem Geschmack

GEMÜSE-MALVE (*Malva verticillata* var. *crispa*)
Kulturpflanze, bis 1,8 m hoch, einjährig, mit
unscheinbaren weißen Blütchen; Ernte von Juni bis
Oktober, junge gekräuselte Blätter

BRENNNESSEL (*Urtica dioica*)
Wildpflanze; Ernte von März bis September, junge
Blätter, Triebspitzen sowie Blüten und Früchte,
würziger, zart nussiger Geschmack

244. Stevie zum Süßen: Wie verwende ich die Blätter der Stevie zum Süßen?

Die Stevie (*Stevia rebaudiana*), auch Süßblatt, Süßkraut oder Honigblatt genannt, stammt aus Südamerika, wird dort traditionell zum Süßen von Matetee verwendet und seit einiger Zeit weltweit als Zuckerersatzstoff gepriesen. Die Süßkraft soll 300-mal stärker als die von Rübenzucker sein, dabei kalorienfrei, und Kariesbildung entgegenwirkend. Frische oder verarbeitete Produkte der Stevie sind innerhalb der EU derzeit zwar gemäß der Novel-Food-Verordnung frei erhältlich, als Süßstoff, Lebensmittel oder Lebensmittelzusatz jedoch nicht zugelassen, nachdem teilweise gesundheitliche Bedenken gegen die Verwen-

1 Süßholz oder Lakritzpflanze: Die dicke Wurzel wird getrocknet, ausgekocht und der gewonnene süße Saft eingedickt.

2 Aztekisches Süßkraut: Die nach Minze duftenden und süßen Blätter würzen Desserts und Tee oder bereichern Potpourris.

3 Süßkraut oder Honigblatt: Mit den Blättern verfeinert man Pudding und Obstsalat oder süßt damit Tee bzw. Limonade.

dung der Stevie bestehen. In USA, Brasilien und Japan jedoch sind Stevia-Produkte seit Jahren weit verbreitet. Sie können Ihre Stevie zum Süßen von Tee, Desserts oder anderen Speisen nutzen, indem Sie ein oder wenige Blätter einlegen oder kurz mitkochen. Dosieren Sie sehr sparsam! Schon ein kleines Blattstück schmeckt sehr süß. Um Steviablätter haltbar und jederzeit verfügbar zu machen, können Sie einfach frische Blätter mit wenig stillem Mineralwasser pürieren, in dunkle Schraubfläschchen füllen und im Kühlschrank aufbewahren. Dank der Inhaltsstoffe sind Steviablätter so gut einige Wochen haltbar.

245. Süßspeisen: Mit welchen Kräutern kann ich Süßspeisen verfeinern?

Neben der Stevie (→ Frage 244) verfügen auch die Wurzeln der Lakritzpflanze (Süßholz; *Glycyrrhiza glabra*) und der Süßwurzel (*Sium sisarum*), die Blätter des Aztekischen Süßkrauts (*Lippia dulcis*) und die des Honigmelonen-Salbeis (*Salvia elegans*) sowie weiterer Fruchtsalbeiarten über mehr oder weniger starke Süßkraft. Wurzeln werden frisch und zerkleinert mit wenig Wasser ausgekocht, den Saft kann man dann noch siruptartig eindicken. Blätter gibt man den Speisen am besten gleich bei. Entweder lässt man sie in Flüssigkeit ziehen, kocht sie kurz mit oder mischt sie fein gehackt bzw. püriert unter.

246. Teekräuter: Ich möchte einen Haustee aus Kräutern mischen. Welche Kräuterarten empfehlen sich dafür?

Als Basis können Sie junge Blätter von Himbeeren und Brombeeren verwenden. Mischen Sie diese mit Zitronen-Melisse (*Melissa officinalis*), schon erhalten Sie einen milden Haustee. Nach Belieben können Sie zu dieser Grundmischung noch viele weitere Kräuter hinzufügen, etwa mentholfreie Minzen (*Mentha*), Frucht-Salbei (*Salvia*), Zitronen-Verbene (*Aloysia triphylla*) oder auch Griechischen Bergtee (*Sideritis syriaca*). Abzuraten ist von Pfeffer-Minze (*Mentha × piperita*) und Kamille (*Matricaria recutita*): Beide Kräuter sind in erster Linie Heilpflanzen, ein Dauergebrauch kann sogar schädlich sein.

247. Waldmeisterbowle: Warum soll Waldmeisterbowle nur ein kleines Sträußchen Waldmeister enthalten?

Waldmeister (*Galium odoratum*) setzt beim Welken Cumarin frei. Dieser charakteristisch duftende Stoff, der auch beim Trocknen von Gras entsteht, kann in hohen Konzentrationen Kopfschmerzen, Schwindel oder Übelkeit sowie bei Langzeitgebrauch Leber- und Nierenschäden verursachen. Deshalb gilt der Grundsatz, dass pro Bowle nur ein Bündel aus wenigen Stängeln hineingehängt und Waldmeister insgesamt nur sparsam dosiert wird.

248. Wein ansetzen: Wie setze ich einen Rosmarinwein an?

Geben Sie zwei bis drei schöne, kräftige Stängel frischen Rosmarin (*Rosmarinus officinalis*) in eine Flasche guten Weißwein. Verschließen Sie die Flasche und stellen Sie sie an einen warmen Ort. Einmal

EXTRATIPP

Alkoholfreie Kräuterbowle
Hängen Sie Waldmeister (*Galium odoratum*), Minze (*Mentha*), Zitronen-Melisse (*Melissa officinalis*), Frucht-Salbei (*Salvia*), Borretsch (*Borago officinalis*), Gundermann (*Glechoma hederacea*) oder Kräuter- bzw. Duftrosenblüten für mindestens zwei Stunden in Apfelsaft oder weißen Traubensaft. Den aromatisierten Saft mit perlendem Mineralwasser aufgießen.

pro Tag wird die Flasche kräftig geschüttelt. Nach einer Woche können Sie abfiltern und den fertigen Rosmarinwein genießen. Kühl gelagert ist er etwa drei Monate haltbar. Rosmarinwein wirkt belebend, verleiht neue Energie und soll auch die Liebeskraft beflügeln. Trinken Sie ihn in medizinischen Dosen; ein Schnapsgläschen pro Tag reicht völlig. Schwangere sowie Patienten mit Bluthochdruck oder Schlafstörungen dürfen den Wein nicht zu sich nehmen.

249. Würzen von Speisen: Kümmel gehört zum Schweinebraten, Beifuß unbedingt zur Gans, Bohnenkraut zu Bohnen. Haben diese Kombinationen eine bestimmte Bedeutung?

Alle der genannten Kräuter enthalten Stoffe, welche generell dafür bekannt sind, förderlich für die Verdauung zu sein. Insbesondere sollen sie fette Speisen bekömmlicher machen. Bohnenkraut (*Satureja*) wirkt als Würze in Gerichten mit Hülsenfrüchten zudem Blähungen entgegen.

250. Zerkleinern: Wie schneide ich frische Küchenkräuter am besten klein?

Verwenden Sie grundsätzlich ein großes, schweres und vor allem scharfes Messer. Damit lassen sich die bisweilen ziemlich zähfaserigen Kräuter sehr gut zerkleinern. Legen Sie Blätter in Häufchen aufeinander, bündeln Sie Triebe und schneiden Sie diese auf einem Brett in feine Streifen. Dann schneiden Sie alles erneut, nachdem Sie die Streifen um 90 Grad gedreht haben. Gut geeignet für Kräuter ist auch ein Wiegemesser. Verzichten Sie auf Blitzhacker oder Kräutermühlen, damit werden die Pflanze eher gequetscht; Saft und Würze gehen unnötig verloren, und die Kräuter werden leicht bitter. Schnitt-Lauch können Sie auch mit einer Schere in feine Röllchen schneiden.

Die Samen bitterstoff-armer Lupinen, soge-nannte Süß-Lupinen, werden geröstet und als Kaffeeersatz genutzt.

251. Zichorienkaffee: Woraus macht man Zichorienkaffee?

Ursprünglich bestand Zichorienkaffee, auch als Landkaffee, Blümchenkaffee oder Muckefuck bezeichnet, aus den Wurzeln der Wegwarte (*Cichorium intybus*). Diese wurden getrocknet, geröstet und gemahlen, mit verschiedenen Zusatzstoffen, wie Ölen und Melasse, vermengt und mit heißem Wasser zu einem koffeinfreien Getränk aufgegossen. Dieser Ersatz zum echten Bohnenkaffee kam um 1800 auf. Vor allem in Preußen stellte man ihn fabrikmäßig her. Zichorienkaffee können Sie auch selber machen: Ernten Sie im Herbst die Wurzeln der Wegwarte. Nach Trocknung rösten Sie die Wurzelstücke in der Pfanne oder im Backofen, bis sie hell- oder dunkelbraun sind. Anschließend werden sie zu Pulver zermahlen und aufgebrüht. Auch Löwenzahnwurzeln ergeben einen guten Kaffeeersatz.

252. Zinnkraut anwenden: Schachtelhalm wird auch Zinnkraut genannt. Hat dies etwas mit Zinngeschirr zu tun?

Schachtelhalm (*Equisetum*) enthält reichlich Kieselsäure. Wenn Sie die Sprosse anfassen, fühlen sie sich aufgrund der Kieselsäurekristalle rau und sandig an. Genau dies macht das Kraut zu einem idealen Putzmittel, das Zinn wieder zum Strahlen bringt. Reiben Sie Zinngeschirr, aber auch andere Töpfe, mit einem Büschel trockenem Schachtelhalm, das Sie zu einem Knäuel zusammendrücken, sauber. Anschließend spülen Sie Reste mit Wasser weg. Empfindliche Oberflächen, z. B. Teflonbeschichtung, sollten Sie vorsichtshalber nicht mit Schachtelhalm behandeln.

253. Zucker mit Aroma: Kann ich Zucker für Süßspeisen oder Tee mit Kräutern aromatisieren?

Grundsätzlich können Sie jedes Würzkraut – auch Blüten, etwa Rosen, Nelken, Lavendel oder Veilchen – mit Kristallzucker mischen und daraus einen Kräuter- bzw. Blütenzucker zubereiten. Empfehlenswert sind Minzen (*Mentha*), Zitronen-Melisse (*Melissa officinalis*), Waldmeister (*Galium odoratum*) oder Indianernessel (*Monarda*). Sie haben zwei Möglichkeiten.
1. Mischen Sie Zucker mit frischen Kräutern oder Blüten Ihrer Wahl und zerkleinern Sie alles im Mixer. Diese schön gefärbte, aromatisierte Masse können Sie unmittelbar verwenden oder zum Trocknen dünn auf Backpapier ausstreichen. Nach dem Trocknen zerbröseln und nochmals im Mixer fein mahlen. Diesen Zucker sollten Sie möglichst bald aufbrauchen: Er verliert rasch an Farbe.
2. Mischen Sie feinkörnigen Zucker mit getrockneten und fein zerkleinerten Kräutern. Dieser Zucker lässt sich problemlos lange Zeit aufbewahren. Nachteil ist, dass dieser Zucker nicht so leuchtend gefärbt ist und oft auch nicht sehr intensiv duftet.

EXTRATIPP

Glattes Holz dank Schachtelhalm
Die rauen Triebe des Schachtelhalms wirken wie feinstes Sandpapier. Holz lässt sich damit auf Hochglanz bringen. Dafür die Triebe in ca. 10 cm lange Stücke schneiden, bündeln und mit Schnur fest zusammenbinden. Die Enden in warmes Wasser tauchen, leicht abtrocknen lassen und damit das Holz mit kreisenden Bewegungen schleifen.

Gesundheit & Wohlbefinden

Kräuter wie Kamille, Ringelblume oder Salbei sind aus der Hausapotheke nicht wegzudenken. Sie lindern Beschwerden, tragen aber auch sonst zum Wohlbefinden bei. Nicht wenige dienen der Schönheit – von innen wie von außen.

254. Abführmittel: Welches Kraut hilft mir bei Verstopfung?

Auf milde Weise abführend wirkt Hagebuttentee, der reich an Fruchtsäuren ist. Dazu können Sie etwas Zitronen-Melisse (*Melissa officinialis*) und Pfeffer-Minze (*Mentha × piperita*) mischen. Trinken Sie sehr reichlich davon. Wirkungsvoll sind weiterhin gemahlene oder gequetschte Samen des Saat-Leins (*Linum usitatissimum*), die man in Joghurt, Müsli o. Ä. rührt. Wichtig ist auch hier eine reiche Flüssigkeitszufuhr, damit die Samen quellen und die Darmbewegung aktivieren. Mittels Bitterstoffen bringt ein Tee aus Benediktenkraut (*Cnicus benedictus*) die Verdauung wieder in Schwung. Ein großer Salat aus Löffelkraut (*Cochlearia officinalis*) hilft ebenso in vielen Fällen.

255. Aloe anwenden: Wie wende ich *Aloe vera* an?

Die Echte Aloe (*Aloe vera*) heißt auch Erste-Hilfe-Pflanze, weil sie mit ihrer antibakteriellen Wirkung die Wundheilung fördert, etwa bei Insektenstichen, leichten Verbrennungen oder Abschürfungen. Dazu schneiden Sie ein Blatt ab und quetschen es etwas. Die herausquellende gelartige Masse reiben Sie behutsam auf die betroffene Hautstelle. Vor allem für kosmetische Zwecke können Sie das Blatt dünn schälen (Vorsicht, die Blattränder tragen scharfe Zähne) und in Scheiben oder Streifen wie eine Maske eine Zeit lang auflegen. Der Aloesaft sorgt für reichlich Feuchtigkeitszufuhr und macht die Haut zart und frisch.

256. Anti-Aging: Welche Kräuter gelten als Anti-Aging-Pflanzen?

Ganz allgemein tragen alle Kräuter durch ihren hohen Gehalt an Vitaminen, Mineralstoffen und sekundären Pflanzenstoffen dazu bei, dass man gesund und vital bleibt – vorzeitiger Alterung also entgegenwirkt. Hierzulande gilt Knob-Lauch (*Allium sativum*) als Jungbrunnen, weil er u. a. Arterienverkalkung vorbeugt und das Blut besser fließen lässt. Einen besonderen Namen als Anti-Aging-Kräuter haben sich jedoch Pflanzen aus dem asiatischen Raum gemacht. In China und Japan etwa schwört man seit Langem auf Jiaogulan (*Gymnostemma pentaphyllum*), das dort „Kraut der Unsterblichkeit" genannt wird und von der Wirkung her Ginseng (*Panax ginseng*) noch übertreffen soll. Die rankende Pflanze lässt sich bei uns als Kübelpflanze ziehen, ein Tee aus ihren Blättern wird kurmäßig getrunken. Elixier für langes Leben soll auch Fo-Tieng (*Polygonum multiflorum*) sein. In der Traditionellen Chinesischen Medizin (→ Info Seite 15) ist es eines der am häufigsten gebrauchten Mittel. Auch dies ist eine Kletterpflanze, die man in Topfkultur halten kann. Genutzt werden Wurzelauszüge.

EXTRATIPP

„Knoblauchfahne" Schwefelhaltige Inhaltsstoffe des Knob-Lauchs (*Allium sativum*), die über die Atemluft abgegeben werden, verursachen einen unangenehmen Geruch. Frische Petersilie oder Kümmelsamen gekaut, mildern ihn. Schnitt-Knoblauch (*Allium tuberosum*), Knoblauchs-Kaplilie (*Tulbaghia violacea*) oder Bär-Lauch (*Allium ursinum*) verursachen keine so starken Ausdünstungen.

---

257. Atem erfrischen: Gibt es ein Kraut, mit dem man den Atem wirkungsvoll erfrischen kann?

Das Kraut schlechthin für einen frischen Atem ist die Pfeffer-Minze (*Mentha × piperita*). Nicht umsonst sind seine ätherischen Öle Bestandteil in vielen Zahnpasten, Gurgelwässern, Halspastillen und Kaugummis. Kauen Sie einfach genüsslich ein paar Blättchen Minze. Dafür eignen sich auch andere Minzearten oder Fenchelfrüchte (*Foeniculum vulgare* var. *dulce*).

258. Badezusatz: **Für ein Kräuterbad streue ich die Kräuter ins Badewasser, finde die Pflanzenreste aber dann störend, weil sie auf der Haut kleben und den Abfluss verstopfen. Gibt es eine Methode, dies zu umgehen?**

Füllen Sie die Kräuter einfach in einen Waschhandschuh oder in einen Beutel aus Leinen, Mull oder Baumwolle. Fest zugebunden hängen Sie diesen dann am besten schon unter den Wasserstrahl, wenn Sie die Wanne einlaufen lassen. Im einfachsten Fall reicht auch ein Stück Stoff oder ein altes Geschirrtuch, in das Sie die Kräuter füllen und zu einem Säckchen binden. Ohne Kräuterreste baden Sie auch, wenn Sie dem Badewasser einen sehr starken Tee aus den gewünschten Arten zusetzen bzw. ein mit Kräutern aromatisiertes Badesalz oder Badeöl verwenden.

259. Bitterer Geschmack: **Viele Heilkräuter schmecken sehr bitter und streng. Wie kann ich den Geschmack verbessern?**

Geht es um den heilenden Effekt von bitteren Kräutern, dürfen Sie keinen Zucker oder Honig zugeben. Denn dies würde die Heilkraft mindern. Die Bitterkeit von Andorn (*Marrubium vulgare*), Wermut (*Artemisia absinthium*), Tausendgüldenkraut (*Centaurium erythraea*) und anderen streng bitteren Kräuter wird aber etwas gemildert, indem Sie neutrale Kräuter wie Zitronen-Melisse (*Melissa officinalis*) oder „süße" Kräuter beimischen, etwa Süßdolde (*Myrrhis odorata*) oder Süßkraut (*Stevia rebaudiana*). Oder wenden Sie die Heilkräuter in Form von Tinkturen (alkoholische Auszüge) an, dann benötigen Sie nur wenige Tropfen, die Sie z. B. in einen Tee einrühren können. Für Kinder kommt diese Form der Anwendung allerdings nicht infrage.

260. Creme: **Wie lange ist eine selbst gemachte Creme mit Kräuterzusatz haltbar?**

Die Haltbarkeit hängt hauptsächlich vom Wassergehalt der Creme ab. Anders als eine Salbe, die nur aus Fett besteht, sind Cremes eine Emulsion aus Wasser und Fett oder Öl. Ohne Zusatz von Konservierungsmitteln ist eine selbst gerührte Creme gut verschlossen daher nur kurzfristig haltbar – in der Regel maximal eine Woche, bei Lagerung im Kühlschrank bis zu zwei Wochen. Voraussetzung dafür ist aber auch, dass Sie hygienisch einwandfrei gearbeitet haben. Je höher der Wasseranteil der Creme, desto schneller kann sie verderben. Sobald sie muffig riecht oder gar Schimmel sichtbar wird, müssen Sie die Creme unbedingt wegwerfen. Bereiten Sie Cremes am besten immer nur in geringen Mengen zu, die Sie rasch aufbrauchen. Länger aufbewahren können Sie Cremes, wenn Sie Kräuterzusätze in Form von alkoholischen Auszügen (Tinktur) zusetzen und/oder einen Konservierungsstoff wie Paraben zufügen.

INFO

Wofür Bitterstoffe in Kräutern gut sind
Die Bitterkeit von Kräutern rührt von verschiedenen Stoffen her. Ihre Gemeinsamkeit besteht nur darin, dass sie bitter schmecken – was wir selbst in sehr geringer Verdünnung noch wahrnehmen. Den Pflanzen selbst dienen diese Stoffe zur Abwehr von Fraßfeinden. In unserem Körper regen Bitterstoffe die Bildung von Speichel, Magen- und Gallensaft an, fördern also die Verdauung. Zudem sorgen Bitterstoffe schnell für ein Sättigungsgefühl und reduzieren den Appetit auf Süßes.

261. Dampfbad: Ich habe Schnupfen, meine Nase ist verstopft. Wie kann ich mir helfen?

Das geht am besten mit dem bewährten Inhalationsbad. Erhitzen Sie dafür ein bis zwei Liter Wasser und geben Sie ein bis zwei Handvoll getrocknetes Kraut hinzu. Dafür eignen sich Kamille (*Matricaria recutita*), Thymian (*Thymus vulgaris*) oder Latschenkiefer- bzw. Fichtenspitzen. Lassen Sie das Ganze etwa fünf Minuten durchziehen. Dann füllen Sie den Sud in eine Schüssel. Sobald die Dämpfe nicht mehr allzu heiß sind (Vorsicht: An zu heißem Dampf kann man sich verbrühen!), beugen Sie sich über die Schüssel und ziehen ein großes Handtuch über Kopf und Schüssel. Atmen Sie die aufsteigenden Dämpfe fünf bis zehn Minuten lang mit langsamen, tiefen Atemzügen durch die Nase ein und durch den Mund (bei völlig verstopfter Nase nur durch den Mund) wieder aus. Das Inhalationsbad können Sie ebenso gut mit ätherischen Ölen zubereiten. Geben Sie dafür fünf bis zehn Tropfen ins dampfende Wasser. Der aufsteigende Dampf erwärmt zusätzlich Haut, Stirn- und Nebenhöhlen. Die Wärme wirkt dabei für sich schon wohltuend. Zusätzlich regt sie die Selbstheilungskräfte an. Der Wasserdampf befeuchtet die Schleimhäute und wirkt auf diese Weise Reizungen entgegen. Die Kräuterzusätze wirken sowohl abschwellend also auch beruhigend und antimikrobiell.

EXTRATIPP

Majoransalbe gegen Schnupfen
50 g getrockneten Majoran mit Alkohol (Ethanol 70 %, auch Weingeist genannt) durchfeuchten. 50 g Butterschmalz erwärmen, den Majoran zugeben und 20 Minuten bei milder Hitze ziehen lassen. Durch Mulltuch oder Kaffeefilter absieben, Reste gut ausdrücken, in Tiegel abfüllen und abkühlen lassen. Mit der Salbe Nasenrücken und Oberlippe einreiben.

262. Dampfbad herstellen: Wie stellt man ein Kräuterdampfbad her?

Ein Dampfbad ist im Prinzip ein Kräutertee, dessen Dämpfe man auf die Haut einwirken lässt. Dazu erhitzt man die benötigte Menge Wasser und gibt pro Liter etwa eine Handvoll getrocknete bzw. gut zwei Handvoll frische Kräuter zu. Nach etwa fünf Minuten Ziehzeit ist das

> *Atmen Sie beim Dampfbad den an ätherischen Ölen reichen Dampf tief durch den Mund ein und durch die Nase aus.*

Dampfbad bereit zur Anwendung, z. B. für das Gesicht, gegen Pickel und Hautunreinheiten, oder zur Behandlung des Analbereichs. Der Kräutersud kann auch mehrmals verwendet werden, Sie brauchen ihn dann nur wieder zu erhitzen.

263. Durchfall: Mit welchen Kräutern kann ich einen leichten Durchfall stoppen?

Tritt plötzlich Durchfall auf, haben Sie höchstwahrscheinlich etwas Schlechtes gegessen, das Ihr Körper nun versucht, schnell wieder auszuscheiden. In solchen Fällen hilft oft schon ein Kamillentee. Zum einen füllen Sie damit die verlorene Flüssigkeit wieder auf, zum anderen beruhigen die Wirkstoffe der Kamille (*Matricaria recutita*) den Magen-Darm-Trakt und entkrampfen die Unterleibsmuskulatur. Auch ein Tee aus Pfeffer-Minze (*Mentha × piperita*) oder Blutwurz (*Potentilla erecta*) lindert die Beschwerden. Hält der Durchfall jedoch länger als zwei Tage an, sollten Sie besser einen Arzt aufsuchen.

Die dicken, süßlich schmeckenden Rhizome der Quecke werden zu einem entwässernden Tee aufgebrüht.

264. Entwässern: **Besonders an heißen Tagen leide ich unter schweren Beinen, weil sich zu viel Wasser angesammelt hat. Kann ich die Ausscheidung von Wasser mit einem Kräutertee unterstützen?**

Ein Tee aus Brennnessel (*Urtica dioica*), Löwenzahn (*Taraxacum* sect. *Ruderale*), Acker-Schachtelhalm (*Equisetum arvense*) oder Birkenblättern (*Betula*) hilft, die Nierentätigkeit anzuregen und überschüssige Flüssigkeit aus den Geweben zu treiben. Ein Kräuterwickel mit Pfeffer-Minze (*Mentha × piperita*) entstaut die Beine zusätzlich. Dazu tauchen Sie zwei Tücher in Pfefferminztee und wickeln eines um jedes Bein. Die Beine hochlegen und 15 Minuten wirken lassen. Beachten Sie, dass vermehrte Wasseransammlungen infolge von Herz- und Nierenschwäche unbedingt ärztlich behandelt werden müssen. Fragen Sie dann zuerst nach, ob Sie solche Kräutertees unterstützend zur Therapie einsetzen dürfen.

265. Erfrischende Wirkung: **Kann ein Kraut helfen, meinen verschwitzten Körper an heißen Tagen zu erfrischen?**

Waschen Sie sich mit einem lauwarmen Tee aus Malven (*Malva*), Salbei (*Salvia officinalis*), Frauenmantel (*Alchemilla xanthochlora*), Schafgarbe (*Achillea millefolium*), Holunderblüten (*Sambucus nigra*) oder Pfeffer-Minze (*Mentha × piperita*) ab. Allein die Verdunstung der Flüssigkeit kühlt bereits, zusätzlich wirken die Düfte und Inhaltsstoffe der Körperhitze entgegen. Auch Rosenwasser wirkt angenehm, indem Sie es mithilfe eines Zerstäubers über den Körper sprühen. Zur Herstellung legen Sie unbehandelte Duftrosenblütenblätter mehrere Tage in stilles Mineralwasser (die Blätter sollen gerade eben von Wasser bedeckt sein) und sieben den Ansatz dann ab. Zurück bleibt ein zart duftendes Wasser zur Kühlung und Hautpflege.

266. Erkältung: Welche Kräuter helfen gegen Husten und Schnupfen?

Gleich bei den ersten Beschwerden genommen, können Zitronen-Melisse (*Melissa officinalis*), Holunderblüten (*Sambucus nigra*), Lindenblüten (*Tilia*) und Hagebutten mit ihrem hohen Gehalt an Vitamin C helfen, die Erkältung einzudämmen. Sie können daraus gut eine Teemischung herstellen. Zitronen-Melisse als Tinktur, der bewährte Melissengeist, ist ebenfalls seit Langem in Gebrauch. Gegen Schnupfen und Husten empfehlen sich Thymian (*Thymus vulgaris*) oder Fenchel (*Foeniculum vulgare*) als Tee oder als Dampfinhalation, gegen Husten Spitz-Wegerich (*Plantago lanceolata*) oder Echter Eibisch (*Althaea officinalis*), beide als Tee oder auch in Form eines Sirups.

INFO

Gehören auch zum Kräutergarten: Heilkräuter
Heilkräuter, auch Heilpflanzen bzw. Arzneipflanzen genannt, beinhalten Stoffe, die Beschwerden und Krankheiten lindern bzw. kurieren. Je nach Art verwendet man einzelne Teile, wie Blätter, Blüten und Wurzeln, oder das ganze Kraut. Man setzt sie unterschiedlich zubereitet ein, z. B. als Tee, Tinktur oder Frischsaft. Volkskundlich nutzt man viele Kräuter zur Heilung von Wehwehchen und minderen Beschwerden, z. B. Ringelblume (*Calendula officinalis*) und Kamille (*Matricaria recutita*).

267. Fencheltee gegen Blähungen: Fencheltee gilt als bewährtes Mittel für Säuglinge und Kleinkinder, um Blähungen zu lindern. Hilft er auch Erwachsenen?

Fenchel (*Foeniculum vulgare*) gilt als eine der ältesten Heilpflanzen der Menschheit. Zu Heilzwecken verwendet werden die Früchte, landläufig auch als Samen bezeichnet. Darin stecken wertvolle ätherische Öle und andere Wirkstoffe, die den Magen-Darm-Trakt beruhigen, Krämpfe lösen und vor allem Blähungen vertreiben. Natürlich hilft das nicht nur Kindern, sondern ebenso Erwachsenen. Zerstoßen Sie die Fenchelfrüchte im Mörser, bevor Sie einen Tee aufbrühen. So lösen sich die Inhaltsstoffe besser.

> **EXTRATIPP**
>
> **Fenchel macht bekömmlich** Hülsenfrüchte, wie Erbsen, Bohnen und Linsen, enthalten blähende Stoffe. Dem wirkt Fenchel (*Foeniculum vulgare*) entgegen. Kochen Sie Fenchelfrüchte, -kraut, -stiele oder -knollen zusammen mit den Hülsenfrüchten. Den Fenchel entfernen Sie vor dem Servieren wieder – oder entdecken ihn als leckere Würze für die Hülsenfruchtgerichte.

268. Fieber senken: Lindenblütentee soll helfen, Fieber zu senken. Stimmt das?

Die Blüten von Sommer-Linde (*Tilia platyphyllos*) und Winter-Linde (*Tilia cordata*) werden seit alters vorbeugend gegen Erkältungskrankheiten und für Schwitzkuren eingesetzt. Ein Lindenblütentee treibt den Schweiß, was den Körper abkühlt und Fieber senkt. Außerdem werden die Abwehrkräfte angeregt. Für einen Schwitztee überbrühen Sie zwei Teelöffel Lindenblüten mit 250 ml Wasser und lassen ihn zugedeckt 10 Minuten ziehen. Nach dem Absieben so heiß wie möglich trinken. Lindenblütentee hilft, wenn man durchgefroren mit kalten Füßen nach Hause kommt, vorbeugend gegen Erkältungen. Dazu trinkt man ihn sofort und noch einmal eine Stunde später. Lindenblüten sammeln Sie, wenn sich die Blüten gerade eben geöffnet haben. Pflücken Sie die Blüten samt dem pergamentartigen Hochblatt. Sie werden schonend getrocknet und dunkel, trocken und kühl aufbewahrt.

269. Frühjahrskur: Welche Kräuter empfehlen sich für eine vitalisierende Frühjahrskur?

Dafür kommen alle besonders vitamin- und mineralstoffreichen Arten in Betracht. Wenn diese, wie der Löwenzahn (*Taraxacum* sect. *Ruderale*), auch noch Niere, Leber und Galle anregen, bringen sie als sogenannte blutreinigende Kräuter den Kreislauf nach dem Winter wieder richtig in Schwung. Grundsätzlich können Sie im Frühjahr dafür alle Kräuter verwenden: Die sind dann überaus gehaltvoll. Der hohe Mineralstoffgehalt wirkt sanft entwässernd, dabei werden Schlackenstoffe ausgespült. Als wahre Vitaminbomben und Entschlackungswunder gelten auch Brennnessel *(Urtica dioica)*, Scharbockskraut (*Ranunculus ficaria*), Gänseblümchen (*Bellis perennis*) oder Gundermann (*Glechoma hederacea*). Genießen Sie die Kräuter frisch gepflückt, ganz oder etwas gehackt in Salaten oder auf dem Brot. So gehen keine Vitamine verloren. Sehr empfehlenswert ist auch, die Kräuter in Joghurt, Milch oder Orangensaft zu pürieren.

270. Fußbad: Wie bereite ich ein erfrischendes Bad für meine Füße vor?

Füllen Sie eine große Schüssel mit lauwarmem Wasser und fügen Sie einige Tropfen ätherisches Lavendelöl sowie Zitronenöl dazu. Statt der Öle können Sie auch Pflanzenauszüge von Zitronen-Melisse (*Melissa offi-*

cinalis), Lavendel (*Lavandula angustifolia*) oder Römischer Kamille (*Chamaemelum nobile*) verwenden oder daraus einen Tee bereiten. Darin baden Sie Ihre Füße zehn Minuten lang. Verwenden Sie dafür Salbeitee, wirkt das gegen übermäßigen Fußschweiß. Salbei- oder Minzeblätter in den Schuhen vertreiben schlechte Gerüche und wirken Fußschweiß entgegen.

271. Haarpflege: Meine blonden Haare wirken stumpf und kraftlos. In der Drogerie gibt es Shampoos, Spülungen und Haarwasser mit Kamille oder Klettenwurzel speziell für blonde Haare. Kann ich mit diesen Kräutern auch selber Haarpflegemittel herstellen?

Mischen Sie einen starken Tee aus Kamillenblüten (*Matricaria recutita*) oder gehackten Wurzeln der Klette (*Arctium lappa*) in ein handelsübliches, sehr mildes Shampoo (Baby-Shampoo). Schon ist die Kamillenpflege für blondes Haar fertig. Sie können ein sehr mildes, wenig schäumendes Shampoo auch selbst aus Seifenkraut herstellen. Dazu zerkleinertes Seifenkraut 30 Minuten in stillem Mineralwasser einweichen, zum Kochen bringen und nach dem Erkalten absieben. Geben Sie dazu gleich die Kamillenblüten, sparen Sie sich nachträgliches Zusammenmischen. Eine Ölpackung bringt mehr Glanz ins Haar: Legen Sie Kamillenblüten in Sonnenblumen-, Weizenkeim- oder Mandelöl ein, sodass sie gut bedeckt sind. Den Ansatz an einem warmen Ort drei Wochen ziehen lassen und abfiltern. Eine Portion Öl erwärmen und vor dem Waschen sanft, aber gründlich in die Haare massieren. Wickeln Sie ein Tuch um den Kopf und lassen Sie das Öl eine halbe Stunde einwirken. Anschließend waschen Sie die Ölpackung sorgfältig mit dem milden Shampoo heraus. Zum Abschluss reinigen Sie Ihr Haar „porentief", indem Sie es mit Apfelessig (zu gleichen Teilen mit Wasser verdünnt) spülen. Die Spülung nicht auswaschen.

HAUT & HAARE PFLEGEN

NAME	ANWENDUNG
Schafgarbe (*Achillea millefolium*)	Lotion für unreine Haut: Tee aus 1 Esslöffel Schafgarbenblüten und 200 ml Wasser zubereiten, damit die Haut abtupfen
Echte Aloe (*Aloe vera*)	trockene Haut: geschälte Blätter auflegen als feuchtigkeitsspendende Maske
Gänseblümchen (*Bellis perennis*)	Gesichtswasser zum Reinigen fettiger Haut: eine Handvoll Blüten knapp mit Wasser übergießen, aufkochen, abkühlen lassen, absieben; 100 ml Sud mit 40 ml Weingeist (Apotheke) mischen; Wattebausch tränken und Haut damit reinigen
Lavendel (*Lavandula angustifolia*)	Massageöl gegen Cellulitis: 2 Esslöffel Lavendelblüten und 1 Tasse fein geschnittene Efeublätter in 500 ml Olivenöl erwärmen; bei maximal 70 °C 20 Minuten ziehen lassen, abfiltern und in die Haut einmassieren
Kamille (*Matricaria recutita*)	Reinigungsmilch: 1 Esslöffel Kamillenblüten in 100 ml Milch erwärmen, 15 Minuten köcheln, absieben; nach dem Erkalten die Haut damit reinigen Lotion für unreine Haut: Tee aus 1 Esslöffel Schafgarbenblüten und 200 ml Wasser zubereiten, damit die Haut abtupfen
Zitronen-Melisse (*Melissa officinalis*)	Gesichtsmaske für fettige Haut: 1 Esslöffel Heilerde, 100 g Joghurt, 2 Esslöffel fein gehackte Melissenblätter mit etwas Wasser zu einer Paste mixen, als Maske 15 Minuten auf Haut einwirken lassen
Salbei (*Salvia officinalis*)	Spülung für graues Haar: 500 ml Salbeitee mit 1 Esslöffel Apfelessig mischen; nicht auswaschen
Brennnessel (*Urtica dioica*)	Shampoo zur Kräftigung von dünnem Haar: 1 Teelöffel Brennnesseltee mit 1 Esslöffel mildem Babyshampoo mischen

272. Hautpflege: Ich suche einfache Rezepte zur Herstellung von Naturkosmetika, mit denen ich Gesicht, Dekolleté und Körper pflegen kann. Kann ich meine Kräuter im Garten auch dafür einsetzen?

Selbstverständlich liefert Ihr Garten viele Kräuter zur Pflege der Haut. Ein erkalteter Tee aus Schafgarbe (*Achillea millefolium*) beispielsweise ist hervorragend zur Reinigung der Haut geeignet, vor allem wenn sie fettig ist und zu Unreinheiten neigt. Holunderblüten (*Sambucus nigra*) sind für alle Hauttypen geeignet, ein schlichter Sud daraus macht die Haut weich und soll sogar Falten mildern und Sommersprossen bleichen. Blätter von Pfeffer-Minze (*Mentha × piperita*), Frauenmantel (*Alchemilla xanthochlora*) und Malve (*Malva*) vermahlen Sie im Handumdrehen mit Mandeln zu einer dicken Paste, die als sanftes Peeling dient. Lassen Sie Blütenblätter von Duft-Rosen und Frauenmantelblätter in einem gehaltvollen Öl (z. B. Jojoba-, Nachtkerzen-, Schwarzkümmel-, Traubenkernöl) ausziehen, dieses massieren Sie nach dem Duschen sanft in die Haut ein. Ein Tee aus Acker-Schachtelhalm (*Equisetum arvense*) ergibt ein wunderbares Nageltonikum. Baden Sie Ihre Finger regelmäßig darin, dann werden Ihre Nägel schön fest.

EXTRATIPP

Gesichtswasser aus Frauenmantel

Bereiten Sie aus frischen oder getrockneten Blättern des Frauenmantels (*Alchemilla xanthochlora*) einen starken Tee zu. Dieser Tee eignet sich hervorragend als klärendes Gesichtswasser. Regelmäßig angewendet verfeinert er die Poren und hilft, Sommersprossen oder andere Hautverfärbungen verblassen zu lassen. Wenn Sie noch ein paar Duft-Rosenblütenblätter dazumischen, erhält das Gesichtswasser einen zarten Duft und wirkt noch besser.

273. Hautunreinheiten: Wie helfen mir Kräuter bei Pickeln oder Hautausschlägen?

Bereiten Sie sich eine Gesichtspackung mit Salbei (*Salvia officinalis*) und Schafgarbe (*Achillea millefolium*) zu. Weichen Sie eine gute Handvoll der gehackten Kräuter über Nacht in stillem Mineralwasser ein. Am nächsten Tag fügen Sie einen Teelöffel Honig und einen guten Esslöffel Joghurt oder Buttermilch hinzu, mixen alles zu einer Paste und streichen diese auf die Haut. Lassen Sie die Packung 20–30 Minuten einwirken, spülen Sie sie dann gründlich ab und reinigen Sie Ihre Haut anschließend mit Holunderblüten-, Rosen- oder Zitronenwasser (erkalteter Tee bzw. Wasser mit ein paar Spritzern Zitronensaft). Von innen wie von außen wirkt ein Tee aus Ehrenpreis (*Veronica officinalis*) oder Gänseblümchen (*Bellis perennis*). Trinken Sie regelmäßig eine Tasse davon und betupfen Sie Ihre Haut damit, dann bessert sich das Hautbild bald entscheidend.

274. Heiltee: Wie lange muss ein Heilkräutertee eigentlich ziehen?

Damit die Wirkstoffe weitgehend in das Wasser übergehen, sollten Sie die Heilkräuter, egal ob frisch oder getrocknet, mit kochendem Wasser überbrühen und in der Regel mindestens fünf Minuten, aber nicht länger als 10 Minuten ziehen lassen. Decken Sie das Gefäß dabei ab, damit die wertvollen ätherischen Öle nicht verloren gehen. Bei Blüten reicht gewöhnlich eine kürzere Brühdauer von 3–4 Minuten, bei Wurzeln dehnen Sie die Zeit zum Ziehen auf 10–15 Minuten aus. Die Kräuter sollten sich möglichst frei im Brühwasser entfalten können. Verzichten Sie daher auf ein Tee-Ei oder ein kleines Teesieb. Viel besser gießen Sie die Kräuter direkt in einer Kanne schwimmend auf oder hängen sie mit einem geräumigen Filterbeutel aus Stoff oder Papier hinein.

275. Heuschnupfen: Ich habe Heuschnupfen und neige auch sonst sehr stark zu Allergien. Welche Kräuter kann ich ohne Bedenken im Garten selber ziehen?

Verzichten Sie insbesondere auf alle kultivierten Korbblütler wie Schafgarbe (*Achillea millefolium*), Ringelblume (*Calendula officinalis*), Beifuß (*Artemisia vulgaris*), Heiligenkraut (*Santolina chamaecyparissus*) oder Kamille (*Matricaria recutita*). Wildkräuter unter den Korbblütlern wie Löwenzahn (*Taraxacum* sect. *Ruderale*) oder Sauerampfer (*Rumex*), Brennnessel (*Urtica*) und Wegerich (*Plantago*) sollten Sie ebenfalls nicht dulden. Probleme für Heuschnupfengeplagte können zudem Doldenblütler wie Engelwurz (*Angelica*) oder Koriander (*Coriandrum*) bereiten, die bleiben ebenso Ihrem Garten fern. Auch Lavendel (*Lavandula*) sollten Sie nicht pflanzen. Allergische Reaktionen auf der Haut kann z. B. die Wein-Raute (*Ruta graveolens*) nach sich ziehen. Die große Fülle der Minzen (*Mentha*), Salbeiarten (*Salvia*) oder Thymianformen (*Thymus*) sowie viele weitere aromatische Kräuter können Sie unbesorgt ziehen. Trotz des Reichtums an Duftstoffen und der oft hübschen Blütenpracht gelten sie nicht als allergieauslösend. Weiterhin sollten Sie bei Gartenarbeiten stets Handschuhe und lange Kleidung tragen, nur an bedeckten, windstillen Tagen möglichst nach Regen

INFO

Lindernde Tees
Eine Trinkkur mit Gundermanntee (*Glechoma hederacea*) soll Heuschnupfen deutlich lindern. Trinkt man ab Beginn der Pollensaison täglich eine Tasse, treten weniger der typischen Beschwerden auf. Auch Ringelblume (*Calendula officinalis*), Zitronen-Melisse (*Melissa officinalis*), Borretsch (*Borago officinalis*) und Majoran (*Origanum majorana*) werden dagegen empfohlen.

im Garten sein und eine Schutz- oder Sonnenbrille tragen. Anschließend sollten Sie duschen, Ihre Haare waschen und die Kleidung wechseln.

276. Juckreiz stillen: Gibt es schnelle Hilfe, um Juckreiz von Insektenstichen zu lindern?

Die Blätter des Breit-Wegerichs (*Plantago major*) bezeichnet man auch als „Pflanzliches Pflaster", weil sie sich tatsächlich wie ein Pflaster auflegen lassen und Juckreiz stillen. Auch Spitz-Wegerich (*Plantago lanceolata*) verfügt über diese Wirkung. Noch besser und schneller setzt die Wirkung ein, wenn Sie ein Blatt zuerst zerquetschen oder gar im Mund zerkauen und den entstehenden saftigen Brei sanft an der entsprechenden Stelle einmassieren. Auch die Blätter der Zitronen-Melisse (*Melissa officinalis*) haben solche Effekte. Juckreiz lässt sich ebenso mit dem gelartigen Blattinhalt der Echten Aloe (*Aloe vera*) lindern.

277. Kaltauszug: Was ist ein Kaltauszug?

Wie der Name schon sagt, werden hierbei die Wirkstoffe kalt aus den Kräutern ausgezogen. Dabei übergießt man einen Esslöffel frische bzw. einen Teelöffel getrocknete Kräuter mit 250 ml kaltem Wasser, lässt den Ansatz mindestens acht Stunden, besser über Nacht zugedeckt ziehen und siebt dann ab. Den Auszug kann man dann sofort anwenden oder auf Trinktemperatur erwärmen. Diese Methode der Zubereitung wird bei zarten Blüten oder empfindlichen Wirkstoffen wie Schleimen angewendet, z. B. bei Baldrian (*Valeriana officinalis*), Eibisch (*Althaea officinalis*), Königskerzen (*Verbascum*) oder Malven (*Malva*). Insbesondere bei getrockneten Kräutern sollten Sie darauf achten, dass diese wirklich einwandfrei sind (nicht schimmeln). Unerlässlich ist dies, wenn Sie den Kaltauszug innerlich anwenden wollen.

278. **Kamille unterscheiden:** Lässt sich Echte Kamille durch Römische Kamille als Heilpflanze ersetzen?

Die Wirkungen der Römischen Kamille (*Chamaemelum nobile*) sind denen der Echten Kamille (*Matricaria recutita*) sehr ähnlich, allerdings schwächer ausgeprägt. Bei beiden Arten werden die entzündungs-

AUFGUSS FÜRS BAD
Hängen Sie einen fein gewebten Kräuterbeutel ins einlaufende Wasser.

GESICHTSPFLEGE
Eine Maske rührt man aus Joghurt oder Quark mit frischen Kräutern an.

1

2

3 **DUFTKISSEN**
Eingenähte Duftkräuter wie Lavendel dienen zur Wäscheparfümierung.

4 **FÜR RAUM UND KÖRPER**
Stilles Mineralwasser, 1–2 Tage mit Kräutern versetzt, ergibt ein Deo.

hemmenden, krampflösenden und desinfizierenden Effekte geschätzt. Man verwendet sie vorwiegend zur Linderung von Magen-Darm-Beschwerden und Entzündungen von Mund und Rachen. Beide gelten auch als gute Mittel zur Aufhellung für blonde Haare. Da die Römische Kamille die schöneren Blüten hat, fügt man sie oft zum Schmuck Teemischungen zu.

279. Kompresse bei müden Augen: Mir wurde empfohlen, bei müden Augen eine Kompresse mit Kräutersud aufzulegen. Wie geht das?

Bereiten Sie einen Tee mit Augentrost (*Euphrasia officinalis ssp. rostkoviana*) zu. Das heimische Wildkraut trägt seinen Namen zu Recht und wird seit Jahrhunderten bei Augenproblemen angewandt. Tränken Sie Wattebäusche oder -pads damit und legen Sie sie für mehrere Minuten auf die geschlossenen Augen. Gewöhnlich lässt dies leichte Rötungen und Schwellungen, wie sie durch Überanstrengung entstehen, sowie leichtes Brennen bereits abklingen. Gegebenenfalls kann man die Anwendung mit frischem Tee wiederholen. Bleiben die Beschwerden über längere Zeit bestehen, sollten Sie einen Augenarzt aufsuchen.

280. Konzentration fördern: Meine Kinder lassen sich beim Lernen für Prüfungen leicht ablenken. Können Kräuterpräparate helfen, dass sie sich besser konzentrieren?

Dafür empfehlen wir, ein Sträußchen Rosmarin (*Rosmarinus officinalis*), gepaart mit Lavendel (*Lavandula angustifolia*), auf den Schreibtisch zu legen. Deren Duft wirkt konzentrationsfördernd. Die Kinder können sogar ganz bewusst die Kräutersträuße in den Händen drehen und ein wenig damit spielen, durch die Handwärme steigen vermehrt ätherische Öle auf und regen ihre Kreativität und ihren Schaffensdrang wieder an. Eine Tasse Tee mit Zitronen-Melisse (*Melissa officinalis*) oder eine Saftschorle mit einem Stängel Zitronen-Melisse darin tun ein Übriges.

281. Kopfschmerzen lindern: Statt zur Tablette zu greifen, möchte ich meine Kopfschmerzen schonend lindern. Kann ich das mit Kräutern?

Legen Sie sich entspannt hin und legen Sie zwei frische Blätter Pfeffer-Minze (*Mentha × piperita*) auf Ihre Schläfen. Massieren Sie sanft kreisend damit. Der kühlende Effekt und der Duft vertreiben Spannungskopfschmerzen meist rasch. Oder genießen Sie in aller Ruhe mit kleinen Schlucken eine Tasse Tee aus Zitronen-Melisse (*Melissa officinalis*), Kamille (*Matricaria recutita*) oder Mädesüß (*Filipendula ulmaria*).

282. Kräuterbüschel: Welche Pflanzen gehören traditionell in das Kräuterbüschel, das zu Maria Himmelfahrt im August geweiht wird?

Je nach Region und örtlicher Tradition gehören dazu 7, 9, 12, 15, 33 oder gar 99 verschiedene Kräuter. Aus der Mitte ragt meist eine Königskerze (*Verbascum*), auch Muttergottes- oder Marienkerze genannt und als Hustenmittel früher in jeder Hausapotheke. Darum reihen sich weitere Heilkräuter wie Arnika (*Arnica montana*), Schafgarbe (*Achillea millefolium*), Kamille (*Matricaria recutita*), Frauenmantel (*Alchemilla*), Wermut (*Artemisia absinthium*), Johanniskraut (*Hypericum perforatum*) oder Oregano (*Origanum vulgare*), die im Hochsommer auf der Höhe ihrer Wirkungskraft geerntet werden. Christliche und heidnische Überlieferungen sowie traditionelle Heilkunst gehen hier eine Liaison ein. Die kunstvoll gebundenen und in der Kirche geweihten Sträuße dienten bis ins nächste Jahr als Kräutervorrat, um bei allerlei Gebrechen von Mensch und Tier zum Einsatz zu kommen. Oft wurden die Sträuße im Herrgottswinkel aufbewahrt, also unter dem Kruzifix in der guten Stube. Mit Maria Himmelfahrt am 15. August beginnt der Frauendreißiger, die Zeit bis zu Maria Namen am 12. September. Alle in diesen Wochen geernteten Kräuter galten als besonders heilkräftig.

283. Kräuterstempel: Wie stelle ich am besten einen Kräuterstempel zur Massage her?

Binden Sie ein bis zwei Handvoll Kräuter (frisch oder getrocknet) kompakt in ein Leinen- oder Baumwolltuch. Es soll so eine Art Stempel entstehen. Dazu eignen sich anregende Kräuter wie Rosmarin (*Rosmarinus officinalis*), Mischungen oder Heu. Die Säckchen können dann schonend über Wasserdampf oder im Backofen bei trockener Hitze erwärmt werden.

284. Kreislauf in Schwung bringen: Welche Kräuter bringen meinen Kreislauf in Schwung?

Das Kraut der Wahl für diesen Zweck ist Rosmarin (*Rosmarinus officinalis*). Nehmen Sie ein Vollbad mit Rosmarin. Dazu gießen Sie einen starken, aus dem Kraut gebrauten Tee ins Badewasser. Nicht während der Schwangerschaft anwenden! Nachdem Rosmarin kräftig den Kreislauf ankurbelt, sollten Sie solch ein Bad auch besser morgens genießen – abends können Sie sonst danach nur schlecht einschlafen.

Hängende Formen des Rosmarins eignen sich optimal zur Pflanzung auf Mauerkronen oder für Balkonkästen.

285. Magenprobleme: Helfen Kräuter, wenn nach einem üppigen Essen der Magen drückt?

Nach fetten Speisen hilft ein Magenbitter (→ Frage 170), also ein Likör aus bitteren Heilkräutern, wie Beifuß (*Artemisia vulgaris*), Thymian (*Thymus vulgaris*) und Wermut (*Artemisia absinthium*), oder eine Mischung aus Kamille (*Matricaria recutita*), Zitronen-Melisse (*Melissa officinalis*) und Pfeffer-Minze (*Mentha × piperita*). Bei heftiger Magenverstimmung können Sie eine Rollkur mit Kamille machen: Trinken Sie eine große Tasse Kamillentee. Legen Sie sich jeweils fünf Minuten entspannt auf den Rücken, auf die linke Seite, auf den Bauch und auf die rechte Seite.

286. Massageöl: Welches Öl verwende ich als Grundstoff für ein Massageöl mit Rosmarin?

Jedes gut hautverträgliche Öl ist dafür geeignet: gutes Oliven- ebenso wie Raps- oder Weizenkeimöl. Letzteres gilt sogar als sehr hautfreundlich und -pflegend. Verwenden Sie hochwertige Öle, die kalt gepresst wurden. Einen Hauch Luxus bringen Jojoba- oder Mandelöl, die zudem sehr pflegend und wohltuend wirken. Wer sich etwas Besonderes gönnen will, nimmt Schwarz-

---

INFO

Selbstmedikation oder Arztbesuch?
Überschätzen Sie die Wirkung von Heilpflanzen nicht. Eigentherapien mit Kräutern können auch schädlich wirken, wenn man die Pflanzen falsch anwendet. Harmlose Beschwerden können Sie mit bewährten Heilpflanzen lindern, wenn Sie diese und deren Anwendung gut kennen. Verschwinden die Beschwerden nicht in kurzer Zeit, kehren sie nach Absetzen der Heilpflanzenpräparate zurück oder werden sie nach deren Einsatz gar schlimmer, ziehen Sie sofort ärztliche Hilfe hinzu.

kümmel- oder Nachtkerzenöl. Wildrosenöl aus den Samenkernen wilder Hagebutten bringt herrlichen Duft. Alle diese Öle können Sie auch beliebig untereinander mischen. Sie lassen sich, außer mit Rosmarinöl, zudem beliebig mit Kräuterextrakten, ätherischen Ölen oder anderen Zutaten anreichern.

287. Menstruationsbeschwerden: Kann ein Kräutertee Menstruationsbeschwerden, wie leichte Unterleibsschmerzen, lindern?

Ja, durchaus können Kräutertees ziehende Schmerzen vor und während der Periode vertreiben. Hierfür eignet sich Schafgarbe (*Achillea millefolium*), Zitronen-Melisse (*Melissa officinalis*) und Baldrian (*Valeriana officinalis*). Auch Lavendel (*Lavandula angustifolia*), Kamille (*Matricaria recutita*) oder Eisenkraut (*Verbena officinalis*) helfen, Spannungen zu lösen. Die Kräuter können Sie einzeln oder in beliebiger Mischung anwenden. Günstig wirkt sich dazu eine Massage des unteren Rückens und Unterleibs mit einem Massageöl (z. B. Olivenöl mit ätherischen Ölen, etwa Lavendel-, Rosenpelargonien- oder Muskatellersalbeiöl) aus.

288. Passionsblume zur Beruhigung: Passionsblumentee wird zur Beruhigung empfohlen. Kann ich die Pflanze selber ziehen?

Dafür eignet sich *Passiflora incarnata*, die im Kübel gedeiht. An geschützten Plätzen kann man sie sogar auspflanzen. Sie friert im Winter zurück, treibt aber willig wieder aus, wenn auch meist erst spät im Frühjahr. Als Rankpflanze braucht sie eine stabile Kletterhilfe. An sonniger Stelle bildet sie auch bald stark duftende Blüten. Von den blühenden Trieben erntet man die Blätter und trocknet sie. Halten Sie die Erde gleichmäßig feucht, im Winter trocken. Gedüngt wird während der Wachstumszeit alle drei bis vier Wochen.

289. Pigmentflecken: Gibt es Kräuter, mit denen sich Sommersprossen oder Altersflecken auf der Haut beseitigen lassen?

Harmlose Hautverfärbungen wie Sommersprossen oder altersbedingte Pigmentstörungen der Haut lassen sich durchaus mithilfe von Kräutern aufhellen. Früher legte man sich dafür etwas geriebene Meerrettichwurzel (*Armoracia rusticana*) auf. Das sollten Sie jedoch vermeiden, denn Meerrettich wirkt stark reizend. Für diesen Zweck eignen sich viel besser Gänseblümchen (*Bellis perennis*), Schafgarbe (*Achillea millefolium*) oder Balsamstrauch (*Cedronella canariensis*). Bereiten Sie daraus einen Tee oder eine Tinktur und betupfen Sie die Stellen regelmäßig damit. Einen Versuch lohnt auch die Behandlung mit Gurken- oder Zitronensaft oder auch mehrmaliges Bestreichen mit dem Blattgel von Aloe (*Aloe vera*).

290. Reisekrankheit: Kann man mit Kräuterpräparaten der Reisekrankheit vorbeugen?

Sehr gut bewährt hat sich Ingwer (*Zingiber officinale*). Genutzt wird das dicke, fleischige, von einer seidigen braunen Hülle umgebene Rhizom mit geweihartiger Gestalt. Reiben Sie davon einen Teelöffel voll ab und gießen Sie dies mit einem Liter heißem Wasser auf. Diesen Tee trinken Sie bereits vor

EXTRATIPP

Engelwurz verbessert die Luft im Auto Hängen oder legen Sie in Ihr Auto ein kleines Säckchen mit zerkleinerten Blättern und Stängeln der Echten Engelwurz (**Angelica archangelica**). Das sorgt dafür, dass die Luft im Fahrzeuginnenraum frisch bleibt – und beugt damit auch der Reisekrankheit vor. Auch die hocharomatischen, stark duftenden Wurzeln eignen sich für diesen Zweck.

Antritt der Reise, währenddessen in Abständen und natürlich bei akuten Beschwerden. Statt des Tees können Sie auch Ingwer-Tinktur einnehmen.

291. Rheuma lindern: Kann ich mit einem Kräuterbad oder einer Einreibung meine Beschwerden durch Rheuma lindern?

In der Volksmedizin gilt Lavendel-Spiritus als hilfreiches Einreibemittel gegen rheumatische Schmerzen. Dazu lässt man Lavendelkraut (*Lavandula angustifolia*) in Alkohol (Ethanol, 40 %) ausziehen und verdünnt dies noch zur Hälfte mit Wasser. Massagen mit Pfefferminz-Melissen-Öl sollen ebenfalls gut wirken. Hierfür die Blätter von Pfeffer-Minze (*Mentha × piperita*) und Zitronen-Melisse (*Melissa officinalis*) mit einem hochwertigen Pflanzenöl übergießen, drei Wochen im Warmen stehen lassen und abfiltern.

292. Ringelblumensalbe herstellen: Wie stelle ich selber Ringelblumensalbe her?

Erwärmen Sie 50 g Pflanzenfett (z. B. Palmfett) im Wasserbad und rühren Sie 10 ml Pflanzenöl (z. B. Weizenkeimöl) dazu – Sie können auch Butter, Ziegenbutter, Vaseline oder eine fertige Salbengrundlage aus der Apotheke verwenden. Geben Sie eine üppige Handvoll Ringelblumenblüten (*Calendula officinalis*) dazu. Bei milder Hitze 30 Minuten ziehen und über Nacht langsam erkalten lassen. Am nächsten Tag den Salbenansatz nochmals behutsam schmelzen, abfiltern, die Pflanzenreste sorgsam ausdrücken und die fertige Salbe in ein Töpfchen oder einen Tiegel füllen. Im Kühlschrank hält sie etwa sechs Monate. Ist sie zu fest geraten, kann man noch etwas Öl einarbeiten. Zur Anwendung kommt die Ringelblumensalbe bei leichten Hautverletzungen wie Abschürfungen, Rissen oder auch bei Verstauchungen und Quetschungen.

Ein Kissen mit Hopfen, Lavendel und Melisse verhilft zu ruhigem Schlaf. Einfach neben das Kopfkissen legen.

293. Schlaf fördern:
Ich schlafe oft schlecht ein. Gibt es Kräuter, die mir helfen, schneller zur Ruhe zu kommen?

Hopfen (*Humulus lupulus*) und Baldrian (*Valeriana officinalis*) helfen, Nervosität und Stress schneller abzulegen und erholsamen Schlaf zu fördern. Nehmen Sie ein Baldrianbad und trinken Sie einen Tee aus Baldrian, Zitronen-Melisse (*Melissa officinalis*), Kamille (*Matricaria recutita*) und etwas Lavendel (*Lavandula angustifolia*). Vor allem Kinder bevorzugen eine Mischung zu gleichen Teilen warmer Milch und Kamillen- oder Fencheltee, gesüßt mit Honig.

294. Schwangerschaft: **Gibt es Kräuter, die man während der Schwangerschaft meiden soll?**

Kräuter, die zusammenziehend, menstruationsfördernd und/oder wehenanregend wirken, sind während der Schwangerschaft tabu. Dazu gehören u. a. Wein-Raute (*Ruta graveolens*), Eberraute (*Artemisia abrotanum*), Wermut (*Artemisia absinthium*), Beifuß (*Artemisia vulgaris*), Ringelblume (*Calendula officinalis*), Mutterkraut (*Tanacetum parthenium*), Salbei (*Salvia officinalis*), Frauenmantel (*Alchemilla xanthochlora*), Römische Kamille (*Chamaemelum nobile*) und Herzgespann (*Leonurus cardiaca*). Auch unter den asiatischen Kräutern gibt es solche, die Schwangere meiden sollten, etwa das Asiatische Sumpfpfennigkraut oder Gotu-Kola (*Centella asiatica*). Fragen Sie immer zuerst Ihren Arzt, ob Sie eine Pflanze für Heilzwecke anwenden dürfen oder wenn Sie sie über längere Zeit genießen wollen. Ganz geringe Dosen zum Würzen schaden dagegen nicht.

295. Sonnenbrand: Ich habe mir beim Werkeln im Garten einen Sonnenbrand zugezogen. Wie kann ich meine Beschwerden lindern und die Heilung beschleunigen?

Kühlend und gleichzeitig heilend wirken Auflagen aus Aloe (*Aloe vera*). Schneiden Sie Blätter in dünne Streifen und bedecken Sie die betroffenen Hautpartien damit. Sehr gut hilft auch Johanniskraut (*Hypericum perforatum*), hier verwenden Sie am besten das leuchtend rote Johanniskrautöl zum Einreiben oder für Umschläge. Nachdem Johanniskraut die Haut lichtempfindlich macht, darf man sich nach der Behandlung keinesfalls starker Lichteinstrahlung aussetzen.

Eine Tinktur aus Ringelblumen (*Calendula officinalis*) verdünnen Sie zur Behandlung mit Wasser. Mit Gänse-Fingerkraut (*Potentilla anserina*) können Sie Tee oder ein Milchpräparat (Kraut mit heißer Milch übergießen, zehn Minuten ziehen lassen, absieben) zubereiten. Damit tränken Sie Tücher und legen diese auf die Sonnenbrandstellen. Bei leichtem Sonnenbrand können Sie die Haut mit Lavendel- oder Rosenwasser betupfen.

EXTRATIPP

So macht man Wickel und Umschläge
Für einen Umschlag tränkt man einen Wattebausch mit Kräutersud und legt ihn für einige Stunden auf die betroffene Stelle, bis er trocken ist. Fixieren Sie ihn durch eine Mullbinde o. Ä. Für einen Wickel (kalt oder warm) legt man ein getränktes Tuch flächig auf oder wickelt es um Bein oder Arm. Mit einem Handtuch bedecken; nach 10–30 Minuten abnehmen.

296. Stimme pflegen: Ich singe gerne und viel. Gibt es ein Kraut, das Heiserkeit vertreibt oder einfach den Stimmbändern guttut?

Wenn Sie Ihren Stimmbändern Gutes tun wollen, kauen Sie regelmäßig ein Blatt Salbei (*Salvia officinalis*) oder gurgeln Sie mit Tee aus Salbei oder Huflattich (*Tussilago farfara*). Huflattich sollten Sie nicht längerfristig anwenden: Dauergebrauch kann schädlich für die Leber sein. Zu empfehlen ist auch ein Sirup aus Salbei, von dem man jeweils einen Teelöffel einnimmt. Dafür wird Salbei mit Zuckerwasser gekocht, nach einer Stunde Simmern abgesiebt und der Sud bis zur gewünschten Konsistenz eingedickt.

297. Stress abbauen: Gibt es ein Kraut, das mir hilft, nach einem stressigen Tag schneller wieder zur Ruhe zu finden?

Vertrauen Sie für diesen Zweck auf Lavendel (*Lavandula angustifolia*). Er hilft allein schon mit seinem Duft, die Anspannung abzubauen und die Hektik des Alltags zu vergessen. Brühen Sie einen Tee auf und atmen Sie dessen Dämpfe ganz bewusst ein. Ein starker Tee aus Zitronen-Melisse (*Melissa officinalis*) ist dafür ebenfalls zu empfehlen.

298. Thymian gegen Husten: Im Handel sehe ich immer wieder viele verschiedene Thymiansorten im Angebot, vom Quendel über Kümmel-Thymian bis hin zu Orangen-Thymian. Zeigen alle Formen dieselbe Wirkung gegen Husten?

Medizinisch verwendet werden der Echte Thymian (*Thymus vulgaris*) und der Spanische Thymian (*Thymus zygis*), die sich beide durch den höchsten Gehalt an ätherischen Ölen und weiteren wirksamen Inhaltsstoffen auszeichnen. Thymiantee bringt Linde-

THYMIAN (*THYMUS*)

ZITRONEN-THYMIAN (*T.* × *citriodorus*)
locker aufsteigender Wuchs, teils gedrungen buschig; eiförmige Blättchen mit zitronigem Aroma;
gut für Erfrischungstee und als Speisewürze

ORANGEN-THYMIAN (*T. fragrantissimus*)
niederliegender bis rasiger Wuchs; graue, nadelförmige Blättchen mit herb-süßem Aroma; gut für
erfrischende Teemischungen

KÜMMEL-THYMIAN (*T. herba-barona*)
kriechender, in Töpfen auch überhängender Wuchs;
grüne, nadelförmige Blätter mit kümmelartigem
Aroma, reich blühend; kräftige Küchenwürze

ARZNEI-THYMIAN (*T. pulegioides* ssp. *pulegioides*)
buschiger Zwergstrauch; breit-eiförmige Blättchen
mit herbem Aroma, purpurne Blüten; Verwendung
als Küchenwürze und Heilpflanze

SAND-THYMIAN (*T. serpyllum*)
dichtbuschiger Wuchs; eiförmige Blättchen mit
herb-würzigem Aroma, üppig rosa blühend; als
Gewürz und teilweise als Heilpflanze verwendet

ECHTER THYMIAN (*T. vulgaris*)
polsterförmiger Halbstrauch; eiförmige, unterseits
weißfilzige Blättchen mit würzigem Aroma, rosa-
violette Blüten; Gewürz und Heilpflanze

SILBER-THYMIAN (*T. vulgaris* 'Argenteus')
polsterförmig wachsend; graugrüne, silbern ge-
randete Blättchen mit herbem Aroma; vorwiegend
Zierpflanze, aber auch Küchengewürz

rung bei Husten, Bronchitis und asthmatischen Beschwerden, wirkt sich aber auch günstig auf die Verdauung aus. Die anderen Thymianarten duften ebenfalls kräftig aromatisch. In ihnen liegen jedoch oft ganz andere Mischungen ätherischer Öle vor als im Echten Thymian. Auch die weiteren Inhaltsstoffe haben sehr unterschiedliche Zusammensetzungen. Deshalb dienen sie in erster Linie als Gewürze, wohl aber mit verdauungsfördernder Wirkung.

299. Wermut verwenden: **Wermut soll Fleisch und Eintopf würzen sowie in Form von Likör den Appetit anregen. Aus Wermut gebrauter Absinth war aber lange Jahre wegen seiner Giftigkeit verboten. Kann ich Wermut bedenkenlos verwenden?**

Wermut (*Artemisia absinthium*) oder Bitterer Beifuß enthält Thujon, ein Stoff, der in höheren Dosen Nerven und Gehirn schädigt. Früher machte man den mit Wermut gebrauten Absinth, auch Grüne Fee genannt, für Abhängigkeit und Halluzinationen verantwortlich. Absinth war vor allem bei Malern und Literaten im 19. Jh. beliebt. Das Getränk war lange Zeit gesetzlich verboten. Inzwischen führt man die Schädigungen durch exzessiven Genuss aber eher auf den hohen Alkoholgehalt und andere Stoffe des Absinths zurück. Deshalb gibt es die Spirituose aus Wermut wieder. Heute ist der Thujon- und Alkoholgehalt streng geregelt. Als Gewürz, etwa für Gänsebraten oder andere fette Fleischgerichte, sowie zum Aromatisieren von Magenbittern und Kräuterlikören kann man Wermut ohne Bedenken verwenden – vorausgesetzt, er wird nicht in großen Mengen eingesetzt. Dies aber verhindert allein schon der strenge, sehr bittere Geschmack. Zudem hat Wermut bei Gallenbeschwerden als Heilmittel durchaus seine Berechtigung. Hierfür empfiehlt sich ein Tee. Süßen hat bei diesem keinen Effekt, denn der bittere Geschmack lässt sich kaum übertönen, außerdem setzt die Süße die Wirksamkeit herab. Wermuttee soll auch Erkältungen schneller abklingen lassen, indem er die körpereigenen Abwehrkräfte mobilisiert. Schwangere allerdings sollten Wermut meiden.

300. Wundheilung fördern: Meine Kinder kommen oft mit aufgeschürften Knien oder Ellbogen vom Spielen nach Hause. Kann ich mit einer Kräutersalbe das Abheilen der Wunden fördern?

Leichte Hautwunden heilen schneller, wenn sie mit Beinwell (*Symphytum officinale*) oder Spitz-Wegerich (*Plantago lanceolata*) behandelt werden. Sie können von diesen Pflanzen ein Blatt wie ein Pflaster auflegen und fixieren. Diese Kräuter enthalten zusammenziehende Stoffe, dadurch wird die Blutgerinnung verstärkt und die Wunde schnell verschlossen. Außerdem fördern beide das Abheilen. Nicht zu vergessen für solche Fälle ist die Ringelblume (*Calendula officinalis*), hier wenden Sie am besten die Salbe (→ Frage 292) an. Auch Einreiben mit Johanniskrautöl oder -tinktur (*Hypericum perforatum*) sowie Umschläge mit Lavendelwasser sind lange bewährte Mittel, welche die Wehwehchen schnell vergessen lassen.

INFO

Vorsicht ist geboten: Phototoxische Kräuter
Manche Kräuter können aufgrund bestimmter Inhaltsstoffe die Haut lichtempfindlich machen. Kommt man mit ihrem Saft in Kontakt und setzt diese Stellen dann dem Licht aus, können Rötungen, Blasen und im schlimmsten Fall sogar ernste Verbrennungserscheinungen auftreten. Dazu gehören unter den Kräutern u. a. Johanniskraut (*Hypericum perforatum*), Wein-Raute (*Ruta graveolens*) und Engelwurz (*Angelica*), aber auch die Herkulesstaude (*Heracleum mantegazzianum*).

Register

Halbfett gesetzte Seitenzahlen verweisen auf Abbildungen.

Adressen

Kräutergärtnereien mit Versand

artemisia
Hopfen 29
88167 Stiefenhofen im Allgäu
www.artemisia.de

Blauetikett-Bornträger GmbH
In den Aspen
67591 Offstein
www.blauetikett.de

Die Blumenschule
Augsburger Str. 62
86956 Schongau
www.blumenschule.de

Staudengärtnerei Dieter Gaissmayer
Jungviehweide 3
89257 Illertissen
www.staudengaissmayer.de

Die Kräuterei
Alexanderstr. 29
26121 Oldenburg
www.kraeuterei.de

Pflanzenreich Dirk Mann
Schönbacher Str. 25
02708 Lawalde
www.pflanzenreich.com

Quedlinburger Saatgut GmbH
Neuer Weg 21
06484 Quedlinburg
www.quedlinburger-saatgut.de

Rühlemann´s Kräuter und Duftpflanzen
Auf dem Berg 2

27367 Horstedt
www.ruehlemanns.de

Saatkontor Ole Schoener
Gut Weilen 9a
28759 Bremen
www.saatkontor.de

Syringa Duftpflanzen und Kräuter
Bachstr. 7
78247 Hilzingen-Binningen
www.syringa-samen.de

Raritätengärtnerei Treml
Eckerstr. 32
93471 Arnbruck
www.pflanzentreml.de

Hermann Rachlinger
Am Anger 25
A—4560 Kirchdorf
www.minzen.com

Zubehör

Hesperiden
In der Schmalau 4
90427 Nürnberg
www.hesperiden.de

Gartenbedarf-Versand Richard Ward
Günztalstr. 22
87733 Markt Rettenbach
www.gartenbedarf-versand.de

Kräuterführungen und -seminare

Führungen, Produkte und Events rund um Kräuter bieten neben Volkshochschulen und

Naturschutzverbänden viele Organisationen an, darunter die staatlich zertifizierten Kräuterpädagogen und Kräuterpädagoginnen in Deutschland und Österreich (Infos unter: www.gundermannschule.de). Infos zu Kräuterseminaren mit Kochkursen finden Sie unter www.essbare-wildpflanzen.de. Seminare und Führungen zu Heilpflanzen bieten spezialisierte Heilpflanzenschulen an, regional auch Apotheker, Ärzte oder Heilpraktiker.

Literatur

Barlage, A. / Fleuchaus, E. / Haas, H. / Jany, Ch. / Schuster, Th.: **Quickfinder Gartenpraxis.** Gräfe und Unzer Verlag, München

Bremness, Lesley: **Duft & Sinnlichkeit.** BLV-Verlag, München

Fleischhauer, Steffen Guido: **Enzyklopädie der essbaren Wildpflanzen.** AT-Verlag, Aarau und München

Greiner, Karin / Weber, Angelika: **Kräuter.** Gräfe und Unzer Verlag, München

Greiner, Karin / Weber, Angelika: **Kräuter von A bis Z.** Gräfe und Unzer Verlag, München

Grünwald, Jörg / Jänicke, Christoph: **Grüne Apotheke.** Gräfe und Unzer Verlag, München

Hudak, Renate: **Kräuter.** Gräfe und Unzer Verlag, München

Wichtige Hinweise

➤ Die meisten der in diesem Ratgeber vorgestellten Arten und Sorten sollten nicht im Übermaß verzehrt oder angewendet werden. Es bestehen unterschiedliche Ansichten über Wirkungen und Verwendung mancher Kräuter, viele Inhaltsstoffe sind noch unzureichend oder gar nicht untersucht.
➤ Pflanzen oder Pflanzenteile, die nicht eindeutig bekannt sind oder korrekt bestimmt werden können, dürfen nicht verzehrt oder kosmetisch bzw. zu Heilzwecken verwendet werden. Bestimmte Kräuter oder Teile davon können giftig oder unverträglich sein oder Allergien auslösen.
➤ Eine Selbstmedikation mit Kräutern kann bei unsachgemäßer Anwendung gesundheitsschädigend sein und eine medizinische Therapie nicht ersetzen. Im Zweifel sollte stets ein Arzt oder Apotheker zurate gezogen werden.
➤ Bewahren Sie Dünge- und Pflanzenschutzmittel für Kinder und Haustiere unerreichbar auf.
➤ Suchen Sie bei Verletzungen umgehend einen Arzt auf. Eventuell ist eine Impfung gegen Tetanus erforderlich.

Die Fotografen

Borstell: 11, 134/2, 139/1, 204/2; **Diez:** 105; **Ernst:** 151/1; **FloraPress:** U4u., 3, 5, 7, 61, 170, 176/3, 210, 217, 228/1, 228/2, 228/3; **GAP:** U4o.; **Gartenfoto.at:** 77/5, 114/1, 181/1, 181/2, 197/7, 203/1, 203/2; **Hecker:** 24/2, 145/3, 204/1; **Henseler:** 99; **Jahreiß/GU:** 68/1, 68/2, 68/3, 68/4, 72, 79, 82/4, 100/4, 107/2, 124, 136, 198; **Krieg:** 228/4; **Kuttig:** 103/2; **Laußer:** 203/4; **Laux:** 24/6, 30/3, 30/4, 32/2, 32/3, 32/4, 77/1, 77/2, 76/6, 77/7, 120, 130/1, 145/6, 151/3, 197/3, 202/3, 239/1, 239/2, 239/3, 239/4, 239/5; **Nickig:** 130/7, 152/1; **Pforr:** 24/7, 26, 30/2, 30/7, 103/1, 130/6, 134/5, 145/2, 145/5, 145/7, 178/7, 197/5, 202/4, 202/7, 203/7; **Redeleit:** 8-9, 20, 41, 51/1, 57, 58, 100/1, 100/2, 107/1, 110, 197/6, 203/3, 203/5; **Reinhard:** 17/3, 23/1, 24/3, 24/4, 30/5, 30/6, 43, 130/5, 134/1, 134/7, 176/4, 178/1, 178/2, 178/3, 178/5, 197/1, 197/2, 202/2, 202/5, 204/3, 218, 231, 239/7; **Sachse:** 90; **Schneider-Will:** 30/1, 66, 77/3, 78, 82/1, 82/2, 82/3, 130/4, 134/6, 137, 139/2, 146, 152/2, 159, 178/4, 178/6, 189, 195; **Silvestris:** 32/1; **StockFood:** U4mi., 14, 44, 134/4, 145/1, 148, 162, 201; **Stork:** 51/2, 51/3, 100/3; **Strauß:** 10, 17/1, 17/2, 45, 55, 104, 126, 127, 128, 130/3, 141/2, 145/4, 151/2, 171, 176/2, 211, 236; **Timmermann:** 48, 143, 149, 164, 166, 176/1; **Wothe:** 24/1, 24/5, 130/2, 197/4, 202/1, 239/6; **Wunderlich:** 114/2.

© 2008 GRÄFE UND UNZER VERLAG GmbH, München. Alle Rechte vorbehalten. Nachdruck, auch auszugsweise, sowie Verbreitung durch Bild, Funk, Fernsehen und Internet, durch fotomechanische Wiedergabe, Tonträger und Datenverarbeitungssysteme jeder Art nur mit schriftlicher Genehmigung des Verlages.

Programmleitung: Christof Klocker
Leitende Redaktion: Anita Zellner
Redaktion: Angelika Holdau, Birgit Dauenhauer
Lektorat: Silke Kluth
Bildredaktion: Daniela Laußer
Umschlaggestaltung und Layout: Cordula Schaaf
Produktion: Susanne Mühldorfer
Satz: Cordula Schaaf, München
Reproduktion: Penta, München
Druck: Firmengruppe APPL, Wemding
Bindung: Druckerei Auer, Donauwörth

Printed in Germany

ISBN 978-3-8338-0965-1

GRÄFE
UND
UNZER

Ein Unternehmen der
GANSKE VERLAGSGRUPPE

1. Auflage 2008